Productividad Atómica

Entrena Tu Cerebro Para Que Te Guste Hacer Tareas Difíciles Sin Agotar Tu Autodisciplina A Través De Trucos De Comportamiento Y Hábitos Pequeños Pero Duraderos

Leo Black

© Copyright 2020 - Todos los Derechos Reservados.

El contenido de este libro no puede ser reproducido, duplicado o transmitido sin el permiso escrito directo del autor o del editor.

Bajo ninguna circunstancia se podrá culpar o responsabilizar legalmente al editor, o al autor, por cualquier daño, reparación o pérdida monetaria debida a la información contenida en este libro, ya sea directa o indirectamente.

Aviso Legal:

Este libro está protegido por derechos de autor. Es sólo para uso personal. No puede modificar, distribuir, vender, usar, citar o parafrasear ninguna parte, o el contenido de este libro, sin el consentimiento del autor o editor.

Aviso de Descargo de Responsabilidad:

Tenga en cuenta que la información contenida en este documento es sólo para fines educativos y de entretenimiento. Se han realizado todos los esfuerzos para presentar información precisa, actualizada, fiable y completa. No se declaran ni se implican garantías de ningún tipo. Los lectores reconocen que el autor no está involucrado en la prestación de asesoramiento legal, financiero, médico o profesional. El contenido de este libro ha sido derivado de varias fuentes. Por favor, consulte a un profesional con licencia antes de intentar cualquier técnica descrita en este libro.

Al leer este documento, el lector acepta que bajo ninguna circunstancia el autor es responsable de las pérdidas, directas o indirectas, que se produzcan como resultado del uso de la información contenida en este documento, incluyendo, pero sin limitarse a, errores, omisiones o inexactitudes.

Tabla de Contenidos

Introducción 1

Capítulo 1 4

La Premisa de la Productividad 4

Definición de Productividad 5

Calculando la Productividad 6

Establecimiento de Objetivos Medibles 7

Capítulo 2 13

Lo Que Impide la Productividad 13

Procrastinación 13

Por Qué Es un Problema 14

Cómo Arreglarlo 15

Teléfonos Celulares y Notificaciones 17

Por Qué Es un Problema 17

Cómo Arreglarlo 18

Correos Electrónicos 20

Por Qué Es un Problema 20

Cómo Arreglarlo 21

Desorden 24

Por Qué Es un Problema 24

Cómo Arreglarlo 25

Cafeína 26

Por Qué Es un Problema 26

- Cómo Arreglarlo 26
- Hacerlo Todo Tú Mismo 27
  - Por Qué Es un Problema 27
  - Cómo Arreglarlo 28
- Tratando Hacer Multitarea 30
  - Por Qué Es un Problema 30
  - Cómo Arreglarlo 31
- Descuidar Tu Salud 32
  - Por Qué Es un Problema 33
  - Cómo Arreglarlo 33
- Tratar de Hacer lo Que Funciona para los Demás 35
  - Por Qué Es un Problema 35
  - Cómo Arreglarlo 36
- El Trabajo Es Demasiado Difícil o Demasiado Fácil 37
  - Por Qué Es un Problema 37
  - Cómo Arreglarlo 39
- Reaccionar y No Planificar 40
  - Por Qué Es un Problema 40
  - Cómo Arreglarlo 41
- Falta de Balance 42
  - Por Qué Es un Problema 43
  - Cómo Arreglarlo 43

Capítulo 3 45

Desintoxicación de Dopamina 45

¿Qué Es La Dopamina? 46

Por Qué Deberías Desintoxicarte de la Dopamina 48

Cómo Desintoxicarse 50

Engaña a Tu Cerebro para Hacer Cosas Difíciles 55

    Recompénsate 55

    Escuchar Música 56

    Sopesar el Costo de Oportunidad 57

Capítulo 4 59

Rutinas para la Productividad 59

Las Mañanas Importan 60

    Despertar 60

    Eliminar la Toma de Decisiones 62

    Muévete Un Poco 62

    Pon Tu Mente en la Zona 63

    Haz lo Más Difícil 64

Bajón de la Tarde 65

    Comer el Almuerzo Adecuado 66

    En Realidad, Toma Tu Descanso 67

    Haz las Tareas Más Fáciles 68

Tardes Productivas 68

Haz Algo que Te Guste 69

Planeación para el Mañana 70

Prepárate para la Cama 71

Capítulo 5 74

Administración de Tu Energía y Atención....74

Administrando Tu Energía 74

Los Cuatro Tipos de Energía 75

Aumentar Tus Niveles de Energía...........79

Renovando Tu Energía A Lo Largo del Día 86

Administrando Tu Atención....................90

Los Dos Tipos de Atención 92

Atención Enfocada.........................94

Cómo Administrar la Atención Eficazmente 97

Capítulo 6 99

Aprovecha Tu Productividad 99

Establecer un Objetivo para el Día...........99

La Técnica Pomodoro.......................100

Descansos Regulares 101

Crear un Espacio de Trabajo 102

Herramientas de Gestión de Tareas............103

Comparte Tus Objetivos y Trabaja en Equipo 103

Programa Tus Reuniones Eficazmente 104

No Tengas Reuniones por el Amor de Dios .105

Cuando Termines, Desconéctate 106

Lee los Correos Electrónicos Una Vez 108

Escribe las Cosas Que Te Vienen a la Mente 109

Preparación la Noche Anterior 109

No te Acuestes en la Cama Después de que Suene la Alarma 111

Haz Un Rápido Entrenamiento Primero por la Mañana 112

Ten Tus Bocadillos Listos 112

Bebe Tu Agua 113

Capítulo 7 114

Fatiga 114

¿Qué es Fatiga? 114

Prevención de la Fatiga 115

Conoce Tus Límites 116

Aprende a Decir No 117

Programa Tiempo para No Hacer Nada .. 117

Asegúrate de que te Diviertes y Descansas 118

Escucha a la Gente que te Rodea 119

Solucionando la Fatiga 119

Toma un Descanso.................................119

Concéntrate en Tu Salud 120

Reencuadra Tu Trabajo y Tus Prioridades 121

Capítulo 8 124

Construir Hábitos Duraderos...................... 124

Pasos para Crear Hábitos a Largo Plazo 125

Decide Qué Hábitos Quieres Construir... 126

Rompe Tus Malos Hábitos 126

Empezar por Pequeño y Construye Desde Allí 128

Sé Consistente... 130

La Regla de los Dos Días 131

Algunos Consejos Útiles 132

Empieza Con Un Hábito.......................... 133

Encuentra un Modelo a Seguir 133

Conoce Tu Razón 134

Conclusión 135
Referencias 137

Introducción

Parece que hay una constante tendencia a ser más productivos. Las empresas desarrollan estrategias para mejorar la productividad de los empleados. Muestran incentivos para motivar a los empleados a hacer más. ¿Y por qué no lo harían? Cuanto más rendimiento tenga la empresa, más dinero obtendrán. Esto beneficia a todos en la organización. Recientemente, no sólo las empresas se esfuerzan por ser más productivas, sino que también los individuos buscan formas de hacerlo. Debido a que elegiste este libro, estoy seguro de que eres uno de esos individuos.

¿Te has preguntado alguna vez por qué todos intentan ser más productivos? La mayoría de la gente sólo *quiere* ser más productiva pero no está segura del verdadero motivador. El verdadero motivador para aumentar la productividad es hacer más en un tiempo específico. La razón principal por la que queremos hacer esto es tener éxito en lo que hacemos y luego tener tiempo libre para perseguir otras cosas. No importa cuánto ames tu trabajo, no querrás estar atrapado todo el día. Cuantas menos noches puedas pasar sin renunciar a la calidad del trabajo, mejor. Esto es lo que todos esperamos conseguir.

Imagina tener más tiempo para perseguir las cosas que quieres hacer. Imagina tener más tiempo con tu familia. Imagina llegar a casa del trabajo y no estar completamente agotado. Estoy seguro de que eso es algo que a todos les encantaría. Todos tenemos un número específico de horas en un día y queremos usarlo lo mejor posible. Queremos ser capaces de disfrutar de nuestras vidas, así como de alcanzar nuestros objetivos. La buena noticia es que se puede lograr si tienes las herramientas adecuadas para hacerlo.

Este libro fue escrito porque luché por encontrar el equilibrio y me esforcé por rendir al máximo. Descubrí que no importaba cuánto tiempo le dedicara, simplemente no estaba obteniendo los resultados que quería. Me costó mucho trabajo de prueba y error, pero finalmente me di cuenta de que mi productividad no sólo estaba ligada al tiempo que dedicaba, sino también a ciertos sistemas que debían ponerse en marcha en mi vida. Tuve que aprender de la forma más dura que cuanto más esfuerzo pongas en ello no necesariamente conduce a los mejores resultados. En realidad, es la cantidad correcta de esfuerzo hecha de la manera correcta la que te da los resultados que quieres. Eso es exactamente lo que aprenderás a hacer.

Este libro no se trata de mostrarte cómo trabajar lo mínimo posible y aun así alcanzar tus objetivos. Todavía hay trabajo para que hagas. Todavía hay cosas que se necesitan de tu lado. El objetivo aquí es ayudarte a dejar de trabajar duro sin recompensa extra. Está diseñado para ayudarte a entender los patrones de tu vida que te impiden ser lo más productivo posible. Si estás dispuesto a tomar la información y aplicarla cuando sea necesario, no tengo dudas de que estarás bien encaminado para alcanzar las metas que tienes para ti, tanto en tu trabajo como en tu vida personal. Si estás listo para ponerte en marcha, profundicemos en el capítulo 1.

Capítulo 1
La Premisa de la Productividad

Cuando alguien dice: "Vaya, he tenido un día tan productivo", lo hace con una sonrisa en la cara y con orgullo en la voz. Eso está muy bien, pero si les hubieras preguntado por qué fueron tan productivos o si podrán hacer lo mismo al día siguiente, es muy poco probable que puedan darte esa información. Aceptar simplemente que algunos días son más productivos que otros no es la forma correcta de ver la productividad. De hecho, la productividad es algo que se puede controlar y que se puede mejorar.

La productividad no debería ser una cosa de vez en cuando. Debería ser consistente, pero para ser consistente tenemos que entender lo que es. Si no entendemos realmente la productividad, nunca podremos repetirla en nuestra vida cotidiana. Siempre será algo que ocurre en un "buen día". En lugar de esperar a que llegue ese buen día, deberíamos ser capaces de hacer que cada día sea un buen día y cumplir con lo que nos proponemos.

Así que, demos el primer paso para entender realmente la productividad.

Definición de Productividad

Dependiendo de a quién le preguntes, su definición de productividad será diferente. Algunas personas dicen que es hacer las cosas de acuerdo a una fecha límite. Otros dirán que es realizar la mayor cantidad de tareas en un plazo limitado. Algunos simplemente ni siquiera sabrán lo que es la productividad en absoluto.

La palabra raíz de productivo es producir. Esto significa que, para ser productivo, tienes que estar produciendo algo. Tienes que estar haciendo algo que esté dando un producto o un resultado. Las empresas también miden la productividad. Sus estándares son un poco diferentes de la productividad personal, ya que se centran en la producción total de la fuerza de trabajo, por lo que se fijarán en la cantidad de su producto que se produce. Con la productividad personal, no se trata de sacar algo. Piensa en el estudio; podrías haber tenido un día productivo estudiando, pero no tienes nada físico que mostrar.

Si buscas una definición rápida de una línea de productividad, sería esta: La producción relevante de una persona en una cierta cantidad de tiempo que la acerca a su objetivo.

Calculando la Productividad

Es seguro decir que la productividad no se verá igual para todos. Cada persona tiene diferentes objetivos, situaciones de vida y períodos de tiempo para ser productiva. Sin embargo, eso no significa que no puedas medir tu productividad. De hecho, medir tu productividad es una de las mejores cosas que puedes hacer. Te mantendrá motivado y resaltará exactamente lo que necesitas hacer.

Si no medimos o monitoreamos nuestra productividad, nunca sabremos realmente si hemos sido productivos o no. Seamos honestos, ¿cuántas veces has pasado un día muy ocupado y te has dado cuenta de que no estás tan cerca de alcanzar tu objetivo como creías? Esto le ha pasado a los mejores de nosotros. Todos hemos caído en la trampa de creer que si estamos ocupados entonces eso debe significar que estamos siendo productivos. Esta mentalidad nos cansa antes de que podamos acercarnos a lograr lo que queremos.

¿Recuerdas la definición de productividad dada en la sección anterior? Decía que el rendimiento *relevante* de una persona en un cierto tiempo que la acerca a su objetivo, la palabra clave aquí es *relevante*. Hacer cosas que no son relevantes para alcanzar tus objetivos no puede contarse como productividad, eso es simplemente un trabajo improductivo.

Cuando se trata de medir la productividad, sólo puedes medir el trabajo relevante. Este es el trabajo que realmente importa; el que te acercará al resultado deseado. Por ejemplo, si eres escritor, debes medir el número de palabras que has escrito o si eres profesor, puedes medir el número de exámenes que has marcado. Medir simplemente el tiempo que has estado sentado en tu escritorio no servirá para medir lo productivo que has sido durante el día. La única manera de medir lo productivo que has sido es establecer los objetivos correctos y luego ver lo cerca que has estado de cumplirlos. De esta manera sabrás si realmente te has acercado a cumplir tu objetivo final.

Establecimiento de Objetivos Medibles

Ahora que sabemos que la única forma de medir la productividad es establecer objetivos, la siguiente pregunta que debería hacerse es: "¿cómo establezco objetivos medibles?"

¡Gran pregunta! Estoy a punto de mostrarte exactamente cómo hacerlo.

Lo primero es lo primero, tienes que saber cuál es el objetivo final. Saber para qué trabajas te ayudará a crear los siguientes pasos y te mantendrá motivado mientras avanzas. Míralo de esta manera, si salieras a caminar, pero no tuvieras un destino en mente, habría un punto en el que te detendrías, darías la vuelta e irías a casa. Esto se debe a que no hay una buena razón para que continúes. Pero, si sabías que ibas a ir a la casa de tus amigos o que tu objetivo era caminar tres millas, entonces seguirías adelante hasta que alcanzaras ese objetivo. Seguirías presionando, aunque empezara a ponerse difícil o si simplemente ya no te apeteciera. Hay algo que estás tratando de alcanzar.

Esto es lo mismo con nuestra actividad diaria. Sentarse en nuestros escritorios y hacer cualquier tarea que aparezca primero es una forma increíblemente ineficaz de realizar tus tareas. Te pone a merced de lo que sea que te llame la atención primero, y eso podría no ser lo más importante o lo que dará resultados. Tu objetivo final no siempre tiene que ser un gran proyecto, puede ser algo pequeño, como terminar 50 correos electrónicos en el día. Lo importante es que sepas cuál es tu objetivo desde el principio.

Muy bien, entonces veamos cómo establecer objetivos medibles con la meta final en mente. Imaginemos que vas a construir un modelo de cohete. A continuación, hay tres listas de objetivos que eventualmente te llevarán a la meta final. ¿Puedes identificar el más efectivo?

Lista A

1. comprar todos los suministros necesarios
2. construir el modelo de cohete
3. Lanzamiento

Lista B

1. investigar cómo construir un modelo de cohete
2. Hacer una lista de los suministros necesarios y comprarlos.
3. Preparar y construir el soporte del motor
4. Preparar y construir las aletas
5. hacer el cuerpo del cohete y marcar donde deben encajar las otras piezas
6. Fijar el soporte del motor y las aletas al cuerpo
7. colocar la agarradera de lanzamiento y el cable de descarga
8. colocar el paracaídas
9. Atar la punta al cohete
10. pintar y decorar
11. lanzamiento

Lista C

1. investigar cómo construir un modelo de cohete
2. Hacer una lista de los suministros necesarios
3. ver lo que ya tienes en tu casa
4. Averiguar dónde comprarlos
5. comprar la madera

6. comprar las piezas de plástico
7. comprar el pegamento
8. comprar las herramientas
9. comprar el tubo
10. comprar el paracaídas
11. comprar los cordones y otros extras
12. Cortar el soporte del motor
13. Pegar las piezas juntas
14. Dibujar aletas en la madera
15. Cortar las aletas
16. Lijar los bordes ásperos de las aletas
17. ((Bien, creo que entiendes el punto, así que voy a detener esta lista aquí mismo) Consejo extra: esta definitivamente no es la lista correcta

La respuesta correcta es la Lista B. Esta es una lista de objetivos, a medida que los completas puedes ver fácilmente que te estás acercando al objetivo. No es ni muy larga ni muy corta. Ofrece orientación, pero no es de ninguna manera abrumadora. Probablemente podrás marcar una o dos cosas de la lista durante cada sesión de trabajo.

La lista A es demasiado corta. Si hubieras creado una lista de objetivos como esta, ¿cuánto tiempo crees que tardarías en marcar algo de ella? Probablemente serían unos pocos días por lo menos. Esto no te permite ver tu progreso. Aunque estés haciendo el trabajo, no hay manera de que puedas medir lo productivo que has sido en cada sesión de trabajo. Tienes un objetivo final claro, pero no hay pasos mensurables hacia ese objetivo. Esto es a menudo el motivo por el que la gente se desmotiva a mitad de los proyectos y las grandes tareas.

La lista C es innecesariamente larga. Este es un error común que la gente comete cuando crea una lista de tareas u objetivos. Por ejemplo, si hubiera seguido hasta el final, esta lista podría haber tenido fácilmente 30 cosas en ella. Sólo mirarla es desmotivador. Nadie quiere mirar una lista de tareas que es tan larga que parece que no puede ser completada en un tiempo razonable. Los pasos 1 a 11 de la lista C están todos incluidos en los pasos 1 y 2 de la lista B. Sobre complicar tus objetivos terminará desmotivándote y hará que la tarea parezca mucho más grande de lo que es. También terminarás pasando tanto tiempo mirando la lista, tratando de marcar las cosas que estarás perdiendo el tiempo que podrías estar usando para ser productivo.

Ahora entiendes cómo establecer objetivos de una manera que te permitirá medir tu productividad. Esto es esencial si quieres saber cuán productivo has sido a lo largo del día o de la semana. A medida que avanzamos en el resto de este libro, vamos a pasar por muchas formas diferentes en las que puedes aumentar tu productividad. Sería un gran ejercicio para ti tomarte un tiempo y escribir cómo crees que sería tu día más productivo. Coloca las marcas de tiempo y escríbelo como un horario, como lo harías si estuvieras planeando tu día en un día normal de la semana. A medida que continúes leyendo los capítulos de este libro, vuelve a él y ve si hay algo que puedas cambiar para que tu día sea más productivo. Cuando termines el libro, deberías tener una guía de lo que necesitas cambiar o mejorar en tu vida diaria.

Capítulo 2
Lo Que Impide la Productividad

Hay muchas cosas que impiden que seas tan productivo como deberías ser. Algunas son bastante obvias y otras son cosas en las que nunca pensarías. Será beneficioso revisar esta lista y encontrar las que son aplicables a ti. Algunas son más destacables en tu vida que otras. Una vez que seas consciente de las cosas que te impiden ser productivo, podrás implementar las soluciones correctas.

Procrastinación

Esta es fácilmente una de las razones más conocidas para que alguien no sea productivo. La procrastinación es el acto de dejar algo para más tarde. Hay muchas razones por las que hacemos esto, incluyendo la sobreestimación del tiempo que tenemos para completar la tarea o que simplemente no tenemos ganas de hacerlo. Los procrastinadores no son necesariamente perezosos, ya que llenarán el tiempo haciendo otra cosa para no tener que hacer la tarea que están evitando. Esto significa que la procastinación es una técnica de evasión y no sólo "no querer trabajar". A menudo se relaciona específicamente con la tarea que debe hacerse. Así que, en lugar de trabajar en esa propuesta de trabajo, empiezas a lavar los platos y a limpiar la casa. Esto lleva a perder el tiempo con cosas sin importancia en lugar de hacer las cosas que necesitan hacerse.

Por Qué Es un Problema

Está claro que se puede ver por qué la procastinación es un problema. En pocas palabras, no conseguirás hacer nada de forma eficiente si lo pospones. Por supuesto, estarás llenando tu tiempo con algo, pero esa cosa probablemente no te dará el resultado que necesitas.

La procastinación le sucede al mejor de nosotros. Casi todas las personas han luchado con ello en algún momento de su vida. La razón es que el trabajo duro casi nunca es atractivo, pero hay muchas otras cosas que son más divertidas o simplemente más fáciles de hacer. Si alguna vez has necesitado estudiar para un examen, puede que te hayas encontrado limpiando tu habitación, organizando tu escritorio o etiquetando tu papelería en lugar de estudiar. Ninguna de estas tareas es mala, de hecho, probablemente deberías hacerlas en algún momento, pero no te ayudarán a aprobar el examen. Sin embargo, son más fáciles que estudiar, así que te encuentras haciendo estas tareas y se siente como si estuvieras siendo productivo cuando en realidad estás perdiendo el tiempo.

Lo que pasa con la procastinación es que no te quita la tarea indeseable, sólo te da menos tiempo para hacerla en el futuro. Probablemente no serás capaz de dar lo mejor de ti mismo a la tarea porque sólo estarás concentrado en tratar de terminarla a tiempo. La mayoría de las noches que los estudiantes han tenido que pasar en la escuela se deben a que han procastinando y no porque no hayan tenido suficiente tiempo. Los estudiantes no son los únicos que luchan con esto, el personal administrativo, los abogados, los empleados de las empresas, y los padres de familia que se quedan en casa, todos luchan con la procastinación. De hecho, cualquiera que tenga que hacer una tarea menos agradable corre el riesgo de postergarla.

Cómo Arreglarlo

La única manera de que dejes de procastinar es tomarte en serio la tarea. Planea tu día y limita las distracciones. Si sabes que es más que probable que quieras limpiar tu habitación como una distracción para estudiar, planea hacerlo de antemano para que cuando te sientes a estudiar, no tengas esa excusa. Mejor aún, estudia en otro lugar, como una biblioteca.

Tienes que reconocer que eres un procastinador para que planees superarlo. Lo más probable es que ya sepas que si luchas con la procastinación. Si no, todo lo que tienes que hacer es pensar en tus últimos plazos o proyectos. ¿Te apresuraste a hacerlo en el último minuto, aunque lo supieras mucho antes de la fecha límite? Si respondiste que sí, entonces tú, amigo mío, eres un procastinador.

Hay algunas cosas que puedes hacer para ayudar a romper el hábito de la procastinación. Puedes hacerlas todas juntas o elegir una o dos para intentarlo. Lo más probable es que después de que hayas implementado una de estas estrategias por un tiempo, dejará de ser efectiva. Una vez que deje de funcionar, cambia a otra estrategia. También puedes ir y venir entre ellas. Encuentra la que funciona para ti y hazlo. Aquí están las curas de la procastinación:

- Cambia tu entorno - intenta trabajar fuera, en una cafetería, o simplemente cambia algo en tu espacio de trabajo.

- Divide tu trabajo - dividir tu trabajo en tareas más pequeñas ayudará a que parezca manejable. Encontrarás que estarás más motivado para hacer trozos más pequeños de trabajo.

- Identifica tus distracciones - es probable que te distraigas con las mismas cosas una y otra vez. Averigua cuáles son y elimínalas. Si es una cierta aplicación, bórrala de tu teléfono. Si lo pospones cocinando comidas elaboradas a la hora del almuerzo, prepara tus comidas con antelación.

- Sé responsable - Cuéntale a alguien los objetivos que tienes para el día y haz que te revisen para ver si los has cumplido. Siempre estamos más motivados para hacer algo si alguien más lo sabe porque no queremos defraudarlo.

Teléfonos Celulares y Notificaciones

En el mundo actual, impulsado por la tecnología, esto se está convirtiendo en un problema más grande que nunca. Los teléfonos y las aplicaciones añaden mucho a nuestras vidas, pero también pueden ser una gran distracción. Si no ponemos los límites correctos, nos encontraremos desplazándonos durante horas o jugando a nuestro juego favorito en lugar de hacer lo que tenemos que hacer.

Por Qué Es un Problema

Hay muchos estudios, artículos y documentales que destacan por qué somos tan adictos a esa cajita de metal que nos deslizamos en nuestros bolsillos. El problema no es el teléfono, sino nuestra adicción a no perdernos nada, especialmente porque es muy fácil estar conectado a todo lo que sucede en el lapso de un segundo. Esto es lo que hace que queramos revisar nuestros teléfonos cada pocos minutos, incluso cuando no tenemos ninguna notificación.

Las notificaciones son un problema por sí mismas. Una vez que escuchamos la notificación, tenemos que comprobar lo que está pasando, de lo contrario sentimos que nos estamos perdiendo algo importante. Incluso si no revisamos nuestros teléfonos después de escuchar la notificación, ahora estamos distraídos y nuestras mentes están fuera de la tarea en cuestión. Esto significa que tenemos que usar fuerza de voluntad y energía extra para volver al camino.

Cómo Arreglarlo

Las soluciones a esto son bastante simples, pero hacerlas puede resultar bastante difícil. El primer paso es guardar el teléfono o ponerlo en silencio. Muchas personas luchan con esto porque quieren estar accesibles en una emergencia, pero si somos realmente honestos con nosotros mismos, ¿cuántas emergencias suceden en un día en el que tenemos que estar disponibles inmediatamente? ¿Y en la semana? ¿O incluso en un mes? Probablemente ninguna. La mayoría de las cosas pueden esperar unas horas, pero nos hemos condicionado a creer que puede haber algo urgente que sucederá, así que necesitamos nuestros teléfonos. Prometo que el mundo no se arderá si lo guardas durante unas horas.

Si es absolutamente necesario que tengas tu teléfono contigo, entonces silencia todas las notificaciones. Notifica a tus amigos y familiares cercanos que, si necesitan comunicarse contigo urgentemente, deben llamar. Esto te permitirá estar disponible en caso de emergencia y disminuir las distracciones.

El problema de tener el teléfono cerca de ti es que estarás tentado de revisarlo. Una vez que enciendas el teléfono, querrás entrar en tu aplicación favorita o comprobar las redes sociales, y de repente habrás perdido una hora de tu día. Para evitar que esto suceda, descarga una aplicación que bloquee todas las demás aplicaciones (lo sé, otra aplicación, ¿no es irónico?). Los bloqueadores de aplicaciones harán lo que su nombre indica. Si haces clic en una aplicación, no te dejará continuar. Esto crea cierta resistencia, así que terminas cerrándola y volviendo a lo que estabas haciendo. Gran parte de la razón por la que nos distraemos con nuestros teléfonos es que es muy fácil conectarse y antes de que puedas siquiera pensar en ello, te quedas atrapado en la aplicación. Los bloqueadores de aplicaciones te detienen y te dan tiempo para pensar en lo que estás haciendo.

Otra cosa que puedes intentar es activar el modo escala de grises de tu teléfono. Los colores de la pantalla hacen que sea mucho más atractivo. Si todo está en gris, terminarás pasando menos tiempo en el teléfono. Piénsalo, ¿qué tan aburrido se ve un feed de imágenes grises de Instagram? Es mucho menos adictivo.

El lugar donde más nos atascamos con nuestros teléfonos es en nuestras camas. O bien no podemos dejarlo por la noche y terminamos durmiendo tan tarde que estamos muertos de cansancio por la mañana, o levantamos el teléfono a primera hora cuando nos despertamos y desperdiciamos toda la mañana. Mucha gente hace ambas cosas. Comenzar y terminar el día con el teléfono no es una buena idea. Más bien, haz de tu dormitorio una zona sin teléfono. Coloca el teléfono en una mesa fuera de tu dormitorio, así podrás escucharlo si alguien llama. Compra un despertador si tienes miedo de no despertarte a tiempo. No hay ninguna razón para que tu teléfono te siga a la cama.

Correos Electrónicos

Todo el mundo, desde el oficinista de la empresa hasta el autónomo, usa el correo electrónico. Es una gran herramienta para notificar y comunicarse con la gente con la que trabajas. Sin embargo, puede ser una gran distracción del trabajo que necesitas hacer.

Por Qué Es un Problema

A menudo la gente no piensa en el correo electrónico como el enemigo de la productividad, pero si miras tu día y ves cuánto tiempo pasas leyendo y respondiendo correos electrónicos, probablemente te sorprenderás. Fácilmente podemos pasar la mitad del día de trabajo mirando y respondiendo correos electrónicos. Eso significa que sólo tenemos la mitad del tiempo para hacer el trabajo por el que nos pagan.

Los correos electrónicos nos distraen porque tenemos que responderlos inmediatamente. Cuando llega un correo electrónico, dejamos de hacer lo que estamos haciendo para responderlo. La verdad es que ni siquiera tenemos que responder la mayoría de los correos electrónicos que recibimos inmediatamente. Casi nadie espera obtener una respuesta inmediata a un correo electrónico. Si realmente fuera algo urgente, entonces te llamarían para asegurarse de que recibes el mensaje.

Si ves un correo electrónico sobre una tarea que tienes que hacer más tarde o al día siguiente, tu mente ya empieza a planear. Así que, aunque no tengas que hacer nada por ello ahora mismo, tu cerebro ya no se concentra en la tarea que estabas haciendo antes de que llegara el correo electrónico. Este es el mayor problema de revisar siempre los correos electrónicos. Si no hay límites cuando se trata de tu correo electrónico, tu día se verá rápidamente sobrepasado por ello.

Cómo Arreglarlo

La única manera de arreglar este problema es dejar de revisar tus correos electrónicos durante el día. Lo cual es, de nuevo, más fácil de decir que de hacer. Es como las notificaciones telefónicas, tan pronto como ves un correo electrónico que llega quieres revisarlo. Esto significa que necesitas evitar que la notificación llegue. Puedes hacerlo fácilmente en la configuración de tu correo electrónico. Recuerda hacer esto tanto para tu teléfono como para tu computadora.

No estoy diciendo que nunca debas revisar tus correos electrónicos. Son importantes, pero deben ser priorizados correctamente. Lo mejor que puedes hacer es reservar un tiempo específico para revisarlos. Si trabajas para ti mismo, puedes enviar un aviso a tus clientes diciendo que responderás a tus correos electrónicos después de cierto tiempo. Esto no suele ser necesario porque como dije antes, la mayoría de la gente no espera una respuesta inmediata a los correos electrónicos.

Si reservas una o dos horas para concentrarte en los correos electrónicos, asegúrate de que no sea en tu tiempo más productivo. Los correos electrónicos no requieren de mucha capacidad intelectual, así que pueden hacerse con poco esfuerzo. Responder a los correos electrónicos cuando sabes que estarás un poco cansado está completamente bien. Utiliza el tiempo en el que estés más alerta y con más energía para hacer tus tareas más importantes.

Si tu trabajo es bastante intensivo en correos electrónicos, entonces probablemente tendrás que establecer algunas veces durante el día para responderlos. Intenta crear dos o tres espacios en tu día dedicados a responder correos electrónicos. De esta manera podrás responder rápidamente, pero tendrás bloqueado el tiempo para hacer las otras tareas importantes que necesitas hacer.

Algunas empresas han trabajado en sistemas de correo electrónico que ayudan a sus empleados a ser más productivos. Utilizan códigos de colores o acrónimos en la línea de asunto para indicar la urgencia del correo electrónico. Por ejemplo:

- Azul - no es urgente, sólo informativo y no necesita una respuesta. Los empleados pueden acceder a él cuando les convenga.

- Amarillo - necesita acción o reconocimiento, no es particularmente urgente, pero debe ser revisado en algún momento del día o de la semana.

- Rojo - muy urgente, necesita acción lo antes posible.

Este es un ejemplo muy básico para que puedas personalizarlo según tus necesidades. Si eres un empleado, puedes intentar acercarte a tu jefe con esta sugerencia. Si eres un gerente o dueño de una empresa, entonces deberías considerar poner una estructura efectiva para lidiar con los correos electrónicos. Tus empleados te lo agradecerán y verás un aumento en la productividad de la empresa.

Desorden

Cuando tenemos prisa por hacer las cosas o trabajamos con plazos estrictos, lo último que se nos ocurre es limpiar. Si entras en la oficina de alguien que está trabajando en un gran proyecto, es común ver el espacio al menos un poco desordenado. Aunque hacer una limpieza profunda de tu espacio de trabajo puede no ser la mejor idea cuando tienes una fecha límite; trabajar en un área limpia definitivamente ayuda a la productividad.

Por Qué Es un Problema

El desorden crea una barrera para la productividad porque abre la puerta a las distracciones. Cuando vemos cosas que están fuera de lugar o que provocan un pensamiento en una dirección que no es la tarea en cuestión, nuestras mentes empiezan a divagar. El desorden está básicamente compitiendo por nuestra atención. No tiene por qué ser un montón de papeles, archivos u otros elementos aleatorios; pueden ser sólo unas pocas cosas pequeñas que no están relacionadas con la tarea que tenemos entre manos, como una foto de la familia o incluso un adorno.

Si te distraes constantemente con las cosas que te rodean, te resultará muy difícil hacer tu trabajo. Cuando estamos haciendo algo que no es realmente agradable, nuestras mentes automáticamente quieren huir y encontrar algo más fácil o más divertido de hacer. Tener muchos objetos diferentes a tu alrededor que podrían recordarte otras tareas, provocar un pensamiento en tu mente, o simplemente te hace querer limpiar tu espacio terminará por hacerte improductivo.

Cómo Arreglarlo

La definición de desorden de todos es diferente. Algunos prefieren trabajar en una oficina impecable donde nada está fuera de lugar, pero otros pueden encontrarlo aburrido y eso mata su creatividad. Así que, al tratar de desordenar tu espacio tienes que ser consciente de qué tipo de persona eres y cuánta tolerancia tienes al desorden.

Como regla general no debes tener nada en tu línea de visión que no esté relacionado con la tarea. Si es algo que te inspira o lo necesitas para completar tu tarea, como un premio o una cita motivadora, entonces está bien tenerlo ahí. Servirá como un recordatorio para volver a tu tarea si tu mente alguna vez divaga.

Intenta hacer una limpieza cada semana. No lo dejes para cuando se supone que estás trabajando, esto es sólo pedir distracción. Establece un día y una hora para despejar tu espacio. Ponlo en tu calendario y asegúrate de que sólo lo haces durante el tiempo asignado. Hacerlo parte de tus tareas también te ayudará a sentir que estás haciendo algo para acercarte a tus objetivos.

Cafeína

Mucha gente no puede empezar su día sin una taza de café. Definitivamente no hay nada malo en tomar unas cuantas tazas cuando se necesitan; el problema viene cuando se depende completamente de ello.

Por Qué Es un Problema

A corto plazo, la cafeína aumenta el estado de alerta y la energía, pero a medida que el día se prolonga, los efectos desaparecen. Por eso sigues buscando esa taza de café o esa bebida energética. También es por eso que es fácil excederse con la cafeína. El exceso de cafeína puede causar deshidratación, nerviosismo, dolores de cabeza e incluso niebla cerebral.

El otro problema de la cafeína es que es altamente adictiva. Las personas que toman café a menudo necesitan tomar al menos cuatro o cinco tazas de café al día para sentirse satisfechas. Si no tienen una dosis de cafeína, esto afecta a sus niveles de energía y también comenzarán a tener dolores de cabeza. Sus cuerpos son demasiado dependientes de ella. Nunca es bueno depender de otra cosa para obtener energía.

Cómo Arreglarlo

Este es bastante simple. Todo lo que tienes que hacer es limitar tu consumo de cafeína. Esto es definitivamente más fácil de decir que de hacer, especialmente si ya eres alguien que depende mucho de ella. El mejor enfoque es un proceso de desintoxicación lento. La desintoxicación repentina probablemente cause algunos síntomas de abstinencia.

Si decides eliminar completamente la cafeína, hazlo en un momento en el que no tengas un horario muy apretado. De esta manera, si tienes síntomas de abstinencia, no tendrás una gran carga de trabajo encima. De lo contrario, reducir lentamente el consumo de cafeína cada semana es una buena forma de hacerlo. Puedes tomar una taza de café o una bebida energética menos de lo que normalmente haces y seguir disminuyendo tu consumo semanalmente.

Hacerlo Todo Tú Mismo

Sé que este libro trata de que seas más productivo, pero eso no significa que tengas que hacerlo todo tú mismo. A menudo nos cuesta pedir ayuda porque tememos parecer incompetentes o ser una molestia. Esto nos retiene a largo plazo.

Por Qué Es un Problema

Si la persona de la oficina de al lado tuviera el manual de instrucciones con todas las respuestas del proyecto en el que estabas trabajando, ¿no lo querrías? La respuesta es probablemente sí. Cualquiera podría decirte que conseguir ese manual de instrucciones es más eficiente que tratar de completar el proyecto por ti mismo. Probablemente eliminarías horas de frustración y usarías esa energía para avanzar en el proyecto.

Esto tiene sentido para cualquiera que lea esto, pero no es lo que la mayoría de nosotros hace. Siempre queremos resolver las cosas por nosotros mismos, incluso cuando hay alguien más que ya lo ha hecho y tiene la información para ayudarnos. Todo lo que tenemos que hacer es pedirle a la gente con el conocimiento que necesitamos que nos ayude con la tarea. Hay muy pocas situaciones en las que la gente se niegue a compartir sus conocimientos o a guiarnos en la dirección correcta.

Ahora, no estoy abogando por ser perezoso. Definitivamente no quieres que te etiqueten como la persona que no puede hacer nada por sí misma. Siempre debes intentar algo primero. Ver si puedes descubrirlo por ti mismo, pero conoce tus límites. Saber cuándo no estás llegando a ninguna parte y es hora de buscar ayuda. Si lo has intentado unas dos o tres veces y aún no puedes resolverlo, entonces probablemente sea seguro ir a pedir ayuda.

Cómo Arreglarlo

Por supuesto, la única manera de arreglar esto es ir y pedir ayuda cuando estás atascado. Cuando hagas esto, recuerda que la forma en que pides las cosas importa. La gente no quiere ayudar a alguien si siente que se están aprovechando de ellos o si piensan que eres demasiado perezoso para solucionarlo por ti mismo. Por eso es importante saber cuándo y cómo preguntar.

Cuando te acercas a alguien para pedirle ayuda u orientación, debes hacerlo de manera que le haga sentir como una persona más grande. Esto es especialmente útil para tenerlo en cuenta cuando se trata de una persona difícil. Comenzar tu petición con un cumplido es una buena idea. Piensa en la razón por la que les estás pidiendo ayuda a ellos y no a nadie más. ¿Son particularmente buenos en este tipo de cosas? ¿Has notado que lo hacen antes? ¿Sabes que tienen las habilidades para lo que necesitas ayuda? Una vez que sepas por qué les estás pidiendo, puedes formular tu pregunta en torno a eso.

Mostrarles que trataste de completar la tarea tú mismo es también muy importante. Como dije antes, nadie quiere ayudar a un perezoso. Mostrándoles que lo intentaste y luego mostrándoles cómo fallaste, les demostrarás que realmente estás dispuesto a hacer el trabajo y no sólo a buscar la salida fácil. Cuando se pide ayuda a alguien por encima de ti, como un jefe o gerente, este es un paso aún más importante. Demuestra que eres proactivo y que quieres crecer y aprender.

Tratando Hacer Multitarea

Estoy seguro de que todos hemos oído a alguien presumir de ser un gran multitarea. Parece que cuanto más seamos capaces de hacer a la vez, más productivos podremos ser. El único problema es que no podemos hacer más de una cosa eficazmente. Esto es especialmente cierto cuando se trata de tareas más difíciles.

Por Qué Es un Problema

Hay algunas cosas en las que podemos hacer multitareas. Cuando estás planchando, todavía puedes escuchar un podcast y hacer el trabajo bastante bien. El problema es que definitivamente nos perderemos algunos puntos del podcast. Planchar es una tarea bastante mundana y requiere muy poca capacidad intelectual, pero hay algunos puntos que requieren un poco más de concentración. En esos momentos en que estás tratando de decidir cuál es la mejor manera de planchar esa tela específica, o cualquier pequeño desafío que pueda surgir, no puedes concentrarte completamente en lo que se dice en el podcast.

En realidad, no podemos hacer varias tareas a la vez y ser 100% efectivos en cualquiera de las tareas que estamos haciendo. Una tomará nuestra atención y dejaremos la otra atrás. No estoy diciendo que no debas ver la televisión o escuchar los podcasts cuando estás haciendo tareas mundanas como limpiar o doblar la ropa, pero definitivamente no debes tratar de hacer multitareas cuando haces algo importante. La razón es que es muy difícil equivocarse al doblar la ropa e incluso si lo haces, es una solución fácil. Si te equivocas en una hoja de cálculo o en un informe de trabajo, las repercusiones serán mucho más graves.

Cómo Arreglarlo

La mejor manera de completar las tareas es centrarse en cada una de ellas individualmente y bloquear el tiempo para hacerlas. Incluso decir que trabajarás en esta tarea durante una hora, luego pasarás a la siguiente y luego volverás a la primera no es efectivo. Algunas personas piensan que tiene variedad en su día de trabajo, pero es muy difícil ser eficiente de esa manera.

Si tienes tareas muy grandes que hacer, intenta trabajar en cada una de ellas durante el mayor tiempo posible. Esto no significa no tomar descansos, sino sólo permitir que la mente piense sólo en una cosa a la vez. Así que, si tienes dos tareas que hacer durante el fin de semana, trabaja en una el sábado y haz la otra el domingo. De esta manera, sólo tienes una cosa en la que pensar cada día y tu cerebro no tiene que seguir cambiando entre las tareas.

Para todos los estudiantes que creen que puedes ponerte al día con tu programa favorito y estudiar, ¡no puedes! Podrías pensar que estás estudiando o tomando notas, pero cualquier información que esté delante de ti no va a entrar en tu cabeza. Vas a tener que repasarla de nuevo para que se adhiera. Esto significa que estás tardando el doble de tiempo en estudiar o tomar notas. Es mucho mejor estudiar por un tiempo y cuando sientas que necesitas un descanso, mira tu programa. De hecho, terminarás de estudiar mucho más rápido y podrás disfrutar de tu programa adecuadamente.

Descuidar Tu Salud

Lo más importante en nuestras vidas debería ser nuestra salud. Si no estamos sanos nunca podremos rendir al máximo. Siempre nos quedaremos cortos porque ya no podemos hacer nada físicamente. Mucha gente descuida su salud por conveniencia. Vemos un aumento de la obesidad, las enfermedades cardíacas y la diabetes en todo el mundo. La gente vive más sedentaria porque es más fácil hacerlo.

La salud no es sólo lo que comemos. El sueño, la salud mental y el ejercicio juegan un papel importante. Necesitamos asegurarnos de que tenemos equilibrio en todas estas áreas para estar verdaderamente sanos. Si no cuidamos una de estas categorías, afectará a las otras. Cuanto menos sanos estemos, menos productivos seremos.

Por Qué Es un Problema

Necesitamos una mente clara y un cuerpo sano para poder realizar las tareas de la manera más productiva. Si no estamos sanos nos cansaremos más rápidamente, tendremos que hacer descansos más frecuentes y no podremos concentrarnos adecuadamente. Cuando esto ocurre, buscamos una solución rápida, que suele ser la cafeína, y ya sabemos por qué la cafeína no es buena para nosotros.

Cuando no estamos sanos mentalmente, podemos sufrir de neblina cerebral, nos estresamos con facilidad y nos abrumamos rápidamente. Si no se trata, esto puede paralizarnos. Necesitamos tener un cuerpo y una mente sanos para que trabajemos lo mejor posible.

Cómo Arreglarlo

La única forma de arreglar este problema es combatirlo de raíz. Tendrás que evaluarte a ti mismo y averiguar qué parte de tu vida no es saludable. ¿No recibes suficientes nutrientes en tu dieta? ¿Son tus amigos tóxicos? ¿Haces ejercicio? ¿Bebes demasiado alcohol o abusas de otras sustancias? ¿No duermes lo suficiente?

Tómate un tiempo para hacer un poco de introspección. Averigua qué partes de tu vida no son saludables y que están sobrecargando tu mente y tu cuerpo. Si necesitas ayuda con esto, pregunta a tus amigos y familiares. Normalmente, ellos pueden ver los patrones no saludables antes que tú. También podrán ayudarte a desarrollar un plan para mejorar la parte no saludable de tu vida.

Si no haces nada de ejercicio durante la semana, entonces tal vez empieces a dar una caminata todas las noches después de la cena. Esto puede hacer maravillas tanto para tu salud física como para tu salud mental. Si comes comida para llevar casi todos los días, empieza a hacer comidas caseras nutritivas.

El ejercicio y la alimentación adecuada también ayudarán a mejorar el sueño. Si estás cansado, nunca te desempeñaras tan eficientemente como podrías hacerlo. Si estás bien descansado, podrás completar las tareas en la mitad del tiempo que te falta para dormir. Planifica tus días priorizando el descanso de siete u ocho horas por noche y verás cuánto mejor podrás funcionar al día siguiente. También notarás que podrás comer mejor porque no tendrás antojo de azúcar para obtener una dosis de energía. También tendrás más energía para hacer ejercicio. Un buen descanso nocturno es una de las mejores y más fáciles cosas que puedes hacer por tu salud.

Tratar de Hacer lo Que Funciona para los Demás

Estoy seguro de que tus padres te han dado el discurso de "cada uno es único". A medida que envejecemos, olvidamos que cada uno de nosotros es diferente y tiene necesidades ligeramente distintas. Así que, en lugar de centrarnos en nosotros mismos, vemos lo que los demás están haciendo e inmediatamente tratamos de implementarlo en nuestras vidas. Cuando no funciona, nos frustramos. Necesitamos hacer las cosas de la manera que nos funcione, no porque funcione para los demás.

Por Qué Es un Problema

Ya que cada uno es diferente, ciertas cosas funcionarán mejor para los demás que para ti. No hay nada de malo en probar nuevos métodos de hacer las cosas o en probar diferentes estilos de trabajo o ambientes, pero no pienses que sólo porque funcionó para otros funcionará para ti.

A menudo, nos quedamos atascados en la mentalidad de que copiar el estilo de trabajo de otra persona será beneficioso para nosotros. Entonces tratamos de forzarnos a hacerlo de esa manera. Cuanto más tiempo pasamos tratando de encajar en una forma específica de hacer algo, más tiempo estamos perdiendo.

Algunas personas prefieren levantarse a las 5 de la mañana para empezar a trabajar mientras que otros son noctámbulos. Algunos prefieren escuchar música mientras trabajan, mientras que otros lo hacen mejor en completo silencio. A algunos les gusta el ambiente de la oficina y otros trabajan mejor al aire libre. Una vez que hayas descubierto lo que te gusta y lo que funciona mejor para ti, no hay necesidad de conformarse con la forma en que todos los demás quieren hacer algo.

Cómo Arreglarlo

La única forma de remediar esto es averiguar qué es lo que funciona para ti. Si no sabes cuál es tu ambiente de trabajo preferido, entonces prueba unos cuantos y ve cuál es lo mejor. Averigua qué te hace concentrar más y qué te inspira. Intenta trabajar al aire libre, escuchar música mientras trabajas, o tomar descansos frecuentes. Una vez que hayas resuelto esto, no necesitas forzarte a trabajar como lo hacen otras personas. Por supuesto, siéntete libre de probar cosas nuevas, pero tan pronto como veas que no funciona, vuelve a lo que sí lo hace.

Si encuentras que tu ambiente o estilo de trabajo preferido no está siendo atendido por tu trabajo actual, puede que valga la pena acercarte a tu jefe con esto. Todo lo que tienes que hacer es decir que has notado que esta cosa específica te ayuda a ser más productivo y preguntar si serías capaz de incluirlo en tu rutina de trabajo. No hay nada malo en preguntar, a menos que lo que estés pidiendo sea completamente escandaloso o caro para la empresa.

El Trabajo Es Demasiado Difícil o Demasiado Fácil

Los humanos están hechos para asumir retos y resolver problemas. Piensa en las veces en que descubriste algo, construiste algo o presentaste algo de lo que estabas realmente orgulloso. Las cosas que son desafiantes y que somos capaces de resolver nos empujan a ser mejores, a aprender más, y nos motivan para el futuro.

Sin embargo, hay otro lado de esto. Si el trabajo es demasiado duro puede terminar desmotivándonos. Hacer un trabajo demasiado difícil o demasiado fácil puede tener un enorme impacto en nuestra productividad. El desafío es definitivamente necesario, pero hay tal cosa como el exceso y mientras que podríamos pensar que nos gusta que las cosas sean fáciles, puede tener el mismo efecto que el trabajo que es demasiado difícil.

Por Qué Es un Problema

Hablemos primero del trabajo que es demasiado difícil. Todos tenemos un cierto nivel de habilidad y destreza. Por mucho que queramos creer que todo es posible si ponemos nuestra mente en ello, esto no es necesariamente cierto. Si le dieras a un niño de segundo grado una suma de álgebra, estaría muy confundido y no sería capaz de hacerlo. Esto no significa que no sean inteligentes, sino que simplemente no tienen el conocimiento y las habilidades adecuadas para completar la tarea. Con el tiempo obtendrán el conocimiento que necesitan, pero eso llevará unos cuantos años. Es lo mismo para nosotros como adultos. Siempre podemos obtener habilidades y conocimientos, pero a veces simplemente no tenemos lo que necesitamos para completar la tarea.

Tratar de hacer algo que está por encima de nuestro nivel de habilidad puede desmotivarnos y matar nuestra productividad. Sólo podemos trabajar en algo durante un tiempo sin hacer progresos antes de frustrarnos con ello. Podemos sentir fácilmente que nosotros somos el problema y que eso se transferirá a todas las demás áreas de nuestras vidas.

Por otro lado, las tareas que son demasiado fáciles se vuelven mundanas si se hacen durante demasiado tiempo. Realizar tareas que no nos desafían en absoluto no nos permite ser creativos y usar nuestros cerebros de la manera en que se supone que deben ser usados. Eventualmente, empezamos a hacer las cosas sólo por el bien de ello y tan pronto como algo más interesante aparece, corremos hacia él. Esto resulta en que tardamos mucho más tiempo en hacer las tareas más fáciles de lo que realmente se necesita. Por supuesto, siempre habrá tareas mundanas que hacer en la vida cotidiana, pero nuestro día entero o la función de trabajo no debería ser igual a esto.

Cómo Arreglarlo

Esto puede ser increíblemente difícil de arreglar, especialmente en un contexto corporativo. Si trabajas para otra persona, puede ser difícil tener control sobre la dificultad de los proyectos que consigues. Lo mejor que puedes hacer es hablar con tu gerente sobre los problemas que has estado teniendo. Si el trabajo es demasiado difícil, tal vez puedas pedir hacer un curso para aumentar tu nivel de habilidad. Si el trabajo es demasiado fácil, pide algo más desafiante o tal vez intenta encontrar un nuevo trabajo donde tus necesidades sean satisfechas.

Si trabajas para ti mismo o busca productividad en un contexto más personal, puede ser más fácil cambiar los tipos de tareas que estás haciendo. Intenta encontrar formas de desafiarte a ti mismo o de adquirir nuevas habilidades para hacer las tareas más fáciles. También podrías pedir ayuda a otras personas si la tarea en la que estás ocupado te parece demasiado difícil.

Si un aspecto de tu vida es demasiado fácil, intenta desafiarte en otro. El objetivo es desafiar a tu cerebro en alguna área. Podrías tomar un nuevo proyecto, empezar a estudiar, o desarrollar una actividad paralela. Arreglar el "problema demasiado fácil" es más fácil que intentar trabajar en tareas que son demasiado difíciles para ti. A veces la única solución para esto es pedir que esa tarea se retire de tu plato hasta que hayas desarrollado las habilidades necesarias para completarla.

Reaccionar y No Planificar

Este es un problema muy común y no mucha gente puede detectarlo. A menudo nos ponemos a trabajar y tenemos una idea aproximada de lo que hay que hacer, pero tan pronto como alguien nos pide que hagamos algo dejamos la tarea actual por la nueva. Esto es reaccionar a la situación en lugar de tomarla y añadirla al plan del día. Si siempre estamos reaccionando a los correos electrónicos y a las solicitudes es muy difícil ser productivos en nuestra vida diaria.

Por Qué Es un Problema

Siempre somos más productivos cuando planeamos las cosas. Saber lo que necesitamos hacer y cuánto tiempo nos llevará nos ayuda a planear nuestro día de manera efectiva. Tan pronto como recogemos tareas que no están en el plan original, tenemos que renunciar a algo que encaje en la nueva tarea. Así es como terminamos perdiendo plazos o nos abrumamos con la cantidad de trabajo que tenemos al final del día.

Cómo Arreglarlo

A lo largo de la jornada laboral la gente siempre vendrá y te pedirá cosas. Esto es especialmente así si trabajas en un ambiente de oficina. El hecho de que alguien haga una petición no significa que tengas que hacerla ahora mismo, o en absoluto. Priorizar tus tareas te ayudará a descubrir qué es importante y qué no.

Lo primero que vas a tener que hacer es escribir todo lo que necesitas hacer para el día. Las cosas más importantes deben hacerse primero, ya que tienes más energía para ellas y hay menos posibilidades de que haya interrupciones. Si algo aparece, debes preguntarte cuán importante es en relación con lo que estás haciendo. Si es menos importante, entonces déjalo hasta que termines con lo que estás haciendo actualmente. También es útil no revisar los correos electrónicos o no tomar llamadas telefónicas cuando estás ocupado con algo importante. Si esa es una opción, entonces es una de las cosas más efectivas que puedes hacer para tu productividad.

Pídele a la gente que te rodea que te envíe un correo electrónico cuando necesiten algo en lugar de entrar en tu oficina y distraerte. Entonces puedes tener un tiempo dedicado a revisar tus correos electrónicos y ver si hay algo importante que necesites hacer durante el día. Podrías revisar tu correo alrededor del mediodía para ver si necesitas reestructurar tu día con alguna nueva tarea que se te haya asignado.

Es muy importante que nunca dejes de hacer lo que estás haciendo por otra tarea. Esto crea confusión en tu agenda y resulta en que no sepas lo que estás haciendo. Es muy fácil perder la pista de dónde estabas si tienes que dejarlo para más tarde. Si realmente hay una emergencia o una tarea urgente que necesita hacerse, entonces no hay mucho que puedas hacer al respecto, así que tendrás que dejar lo que estás haciendo. Pero esto definitivamente no es la norma. Te sorprendería saber cuántas tareas no son tan urgentes como crees que son cuando reflexionas para priorizarlas.

Falta de Balance

Estoy seguro de que has oído hablar de la gente que intenta vivir una vida balanceada. Todo el mundo se esfuerza por este balance, pero ¿qué es exactamente? El balance es tomar en cuenta todas las áreas de tu vida y asegurarse de que cada una recibe la atención que merece. Es muy fácil perder el balance si no nos esforzamos activamente por él. Si sólo nos enfocamos en un área de nuestras vidas, las demás sufrirán. Esto puede causar grandes problemas porque necesitamos que todas las áreas de nuestras vidas sean atendidas para que podamos estar sanos y felices.

Por Qué Es un Problema

Todo lo que nos rodea está interconectado. Es difícil tratar de ser lo mejor que podemos ser, pero dejar fuera un área de nuestras vidas. A menudo, sólo pensamos en ser productivos con nuestras tareas de trabajo y luego dejamos que las otras áreas sufran. Nuestro tiempo de descanso, las relaciones, la salud mental, la condición física, la nutrición y el sueño son áreas a las que hay que prestar atención.

Una vez que falta una de estas áreas, podemos desmotivarnos, sentirnos infelices o perezosos. La respuesta automática es poner más esfuerzo en nuestro trabajo, pero eso tendrá efectos adversos. Todo lo que hay que hacer es mirar el origen de las quiebras de muchos empresarios y hombres de negocios famosos. Divorcios, crisis mentales, pérdida de amigos y conflictos familiares son muy comunes en personas que pasan todo el tiempo trabajando y no se esfuerzan en otras áreas de sus vidas. Verás que sus crisis no fueron causadas por no poner suficiente esfuerzo en su trabajo, sino por descuidar las otras áreas de sus vidas.

Cómo Arreglarlo

Si estás pasando por un bache o sientes que algo en tu vida no está bien, lo mejor que puedes hacer es averiguar qué es lo que falta. Tómate un tiempo para dejar el trabajo o lo que sea que te esté ocupando la mayor parte de tu tiempo. Piensa en todas las demás cosas importantes de tu vida y sé honesto sobre lo que se está descuidando. Una vez que hayas descubierto qué área has descuidado, puedes trabajar para arreglarla.

Encontrar el balance no sólo debe hacerse cuando notes que estás completamente desbalanceado. Más bien, haz un plan para que nunca llegues a esa etapa. Decide cuánto tiempo y energía necesita cada área de tu vida. Luego programa el tiempo para cada área. Algunas de ellas no necesitan períodos, sino un cambio de hábitos. Encuentra maneras de comer más saludablemente, mover más su cuerpo y hacer cosas que te gusten.

Capítulo 3
Desintoxicación de Dopamina

Probablemente ya habrás oído hablar de la desintoxicación de dopamina o del ayuno de dopamina. Ha arrasado como una forma de reajustar el cerebro para disfrutar de las cosas más simples de la vida y encontrar placer en las cosas que ya no hacemos. Aunque no existe tal cosa como reiniciar el cerebro o eliminar la dopamina de la ecuación por completo, hay algunos beneficios definitivos en la desintoxicación de dopamina.

En el mundo actual estamos sobre estimulados. Todos estamos a la caza de la próxima experiencia placentera y las cosas que nos dan ese golpe de dopamina están muy fácilmente disponibles para nosotros. Esto significa que ya no deseamos hacer cosas que no nos hacen sentir bien, incluso si esas cosas son más beneficiosas para nosotros a largo plazo. Preferimos hacer las cosas que ofrecen una gratificación instantánea. Esto se está convirtiendo en un enorme problema, no sólo en el lugar de trabajo, sino también en la vida cotidiana. Esta es la razón por la que es tan importante cambiar algunos de los patrones en nuestras vidas.

¿Qué Es La Dopamina?

Lo primero es lo primero, discutamos qué es la dopamina. Durante muchos años, la gente ha pensado que la dopamina era simplemente un producto químico para el placer. Se desencadenaría por algo que nos gusta y luego tendríamos una oleada de dopamina, lo que nos haría querer hacer esa cosa de nuevo. Así que en lugar de ser responsable de que sintamos placer, es responsable de que anticipemos que obtendremos algo placentero al relacionarnos con alguien o al realizar una acción.

La dopamina está en realidad más relacionada con la motivación y forma parte de un sistema de recompensa más amplio en nuestro cerebro (Akers, 2019). En este sistema, la dopamina es liberada cuando el cuerpo está en espera de una recompensa, y esto es lo que nos motiva a hacer las cosas. Naturalmente, estamos más inclinados a hacer cosas si va a haber una recompensa al final de ellas. Por ejemplo, cuando oímos el tono de notificación en nuestros teléfonos, la dopamina es liberada. Esto nos hace querer revisar el teléfono para ver el mensaje o la notificación que causó el sonido. No hay garantía de que será algo placentero, como un ser querido enviándonos un mensaje, pero aun así querremos comprobarlo porque existe la posibilidad de que sea algo placentero. Queremos comprobar el teléfono porque hay una oportunidad de que sea una experiencia placentera. Esto también explica por qué la gente sigue apostando después de perder mucho dinero, lo hacen con la esperanza de conseguir algo bueno. Cada vez que tiran de la palanca de la máquina tragamonedas reciben un golpe de dopamina que los motiva a seguir adelante.

Este tipo de asociación es lo que hace que la dopamina se libere continuamente. Si hubo un estímulo que resultó en una recompensa, tu cerebro liberará dopamina cuando vuelvas a entrar en contacto con ese estímulo. Si huele a galletas con chispas de chocolate, querrás comer galletas con chispas de chocolate; el olor es el estímulo.

La dopamina juega un papel importante en este proceso, pero no es la única función en la que participa. También lo hace en el flujo sanguíneo, la digestión, el estado de ánimo, las emociones, el estrés y el sueño, entre otras cosas. Por eso la premisa de ayunar de dopamina no es del todo correcta. No puedes hacer que el cuerpo produzca menos dopamina; sólo puedes controlar los factores desencadenantes. Sólo debes saber que, a lo largo de este capítulo, cuando veas los términos ayuno de dopamina o desintoxicación de dopamina, no se refiere a la limitación real de la dopamina o a su disminución en nuestro cuerpo.

Por Qué Deberías Desintoxicarte de la Dopamina

En los últimos años la gente se ha vuelto más consciente de sus malos hábitos y de las cosas que les impiden avanzar. Esto se debe a que hay muchos más estímulos que causan malos hábitos de los que había antes. Las cosas son más accesibles y eso es tanto bueno como malo. Aprender a controlarnos a nosotros mismos y en qué gastamos nuestro tiempo es crucial si queremos alcanzar nuestros objetivos y alcanzar nuestro máximo potencial.

La razón de la desintoxicación de dopamina es quitar el foco de atención de las cosas que te quitan el tiempo pero que no dan ninguna recompensa a largo plazo. A menudo estamos tan atascados en cosas que nos dan una gratificación instantánea que ya no queremos hacer cosas que no nos dan una recompensa inmediata. Por eso la gente prefiere tener miles de seguidores en Instagram en lugar de esforzarse por hacer que las relaciones con sus amigos y familiares funcionen. La gente prefiere sentarse a comer comida rápida en lugar de comer sano e ir al gimnasio, o prefiere navegar por Internet en lugar de trabajar en su idea de negocio.

Desafortunadamente, las cosas que requieren más trabajo y son más difíciles de hacer son mejores para nosotros a largo plazo. Cuanto más hagamos esas cosas difíciles, más éxito tendremos en nuestras vidas. Las tentaciones siempre estarán ahí, no podemos pedirle al mundo que deje de avanzar porque estamos luchando por hacer lo que se supone que debemos hacer. A medida que el mundo progrese, es probable que haya más distracciones y más cosas que estimulen nuestro deseo de gratificación instantánea. Nuestro trabajo es controlar nuestras vidas. Tenemos que ser capaces de tener el autocontrol necesario y poner en marcha los sistemas para ser exitosos y productivos.

En cada contexto de la vida, no podemos dejarnos controlar por las cosas que parecen divertidas y nos hacen felices por un momento. Esta desintoxicación te ayudará a tener un poco más de control sobre ti mismo y las cosas que haces. Nos ayuda a ser conscientes de las cosas que te rodean. Alejarse de las distracciones te ayudará a aprender más sobre ti mismo. Descubrirás lo que realmente te hace feliz y lo que disfrutas haciendo. Tus relaciones tendrán espacio para florecer y tu productividad general mejorará. Serás capaz de encontrar la felicidad en las pequeñas cosas y de apreciar más el mundo que te rodea. ¿No suena mucho mejor que estar constantemente distraído por cosas que no te ofrecerán mucho a largo plazo?

Cómo Desintoxicarse

En realidad, no puedes reajustar tus niveles de dopamina, pero puedes evitar los desencadenantes, que es de lo que se trata esta desintoxicación. Necesitas saber cuáles son tus desencadenantes para poder poner los pasos necesarios para evitarlos o limitarlos. Por mucho que todos pensemos que somos fuertes y podamos decir no a las cosas que nos ofrecen este simple golpe de dopamina, no lo somos. Tener las tentaciones a nuestro alrededor nos hará más propensos a comprometernos con ello. Incluso si puedes decir que no por un tiempo, tu poder se agotará eventualmente y volverás al punto de partida.

Lo primero que debes hacer es determinar de qué necesitas desintoxicarte. Ya que hay muchos desencadenantes de dopamina, tienes que ver cuáles son aplicables a ti. Las adicciones de comportamiento más comunes son:

- alimentos (en su mayoría alimentos no saludables, con alto contenido de azúcar y grasa)
- juego o compras
- pornografía y auto placer
- teléfonos móviles, internet y juegos
- búsqueda de emoción
- drogas y alcohol

PRODUCTIVIDAD ATÓMICA

Tus desencadenantes podrían ser varias cosas de la lista, o tal vez sólo una. Si sufres de una adicción a las drogas o al alcohol, es mejor buscar ayuda profesional. Estos están en una categoría diferente a los otros porque alteran las sustancias químicas del cerebro y afectan directamente al cuerpo. En cualquiera de estas categorías, si luchas con una adicción muy mala, entonces debes buscar ayuda profesional. Si tratas de hacerlo por ti mismo, probablemente experimentarás síntomas de abstinencia que harán que el proceso sea muy difícil para ti. Un profesional podrá guiarte a través de él y aconsejarte sobre lo que es mejor para ti.

Cuando se habla de desintoxicación de dopamina se suele hacer referencia a la desintoxicación digital. El caso es que hay tantas otras cosas que pueden afectarte de forma similar que no tendría sentido hablar sólo del aspecto digital. Ser consciente de cada área que podría ser un problema para ti te permitirá trabajar a través de todos tus puntos débiles y convertirte en una mejor persona al final de todo. También me gustaría decir que el punto de esto no es eliminar todas las fuentes de placer o recompensa de tu vida. Eso sería una tortura absoluta, estoy seguro. Sólo estás aprendiendo a controlar tus impulsos y desencadenantes mediante un tipo de desintoxicación.

Ya que los teléfonos celulares, Internet y los juegos son una de las mayores distracciones y desencadenantes de la dopamina lo usaremos en este ejemplo. Creo que cada uno de nosotros puede decir que somos adictos a estas cosas en algún nivel. Puedes reemplazar esto con cualquier otra cosa de la lista con la que estés luchando. Además, no tienes que eliminar todo esto de tu vida de una vez. Dejar una de ellas debería estar bien, pero eventualmente el objetivo es controlar todas estas adicciones.

Para que te desintoxiques adecuadamente tienes que dar un primer paso drástico. Toma tu teléfono, computadora, tablet o lo que sea y guárdalo bajo llave durante todo un día. Lo sé, probablemente ya estás listo para entrar en pánico. La cosa es que no necesitamos estos dispositivos tanto como creemos; hemos desarrollado una dependencia de ellos y nos ponemos ansiosos cuando no tenemos acceso a ellos. Esto es un problema porque estas cosas no son fundamentales para nuestra supervivencia, sólo las tratamos como si lo fueran. La única cosa que podría conseguir un pase es tu teléfono si lo necesitas absolutamente por alguna razón. Esta razón no puede ser para chatear con tus amigos o para actualizar tu estado. Te prometo que la gente que te rodea estará bien sin hablarte por un día. Si necesitas tu teléfono, debes desconectarte de Internet; si hay una emergencia, notifica a las partes respectivas que tendrán que llamarte para contactarte.

Mientras estés alejado de todas las formas de tecnología e Internet, necesitarás encontrar algo más para llenar tu tiempo. En realidad, puede ser muy difícil porque normalmente si te aburres puedes simplemente encender Netflix o jugar un juego en tu teléfono. Ahora que no tienes esa opción, necesitarás encontrar otras formas de entretenerte. No voy a mentirte, estarás muy aburrido en varias partes del día. Incluso podrías terminar sentado y soñando despierto. Esto es bueno, te mostrará cuánto confías realmente en la tecnología y cuánto control tiene sobre ti. A lo largo del día tendrás que resistir la necesidad de ir a buscar tu teléfono o encender la televisión.

Se te permite hacer muchas cosas. Sólo finge que estás de vuelta en los viejos tiempos sin tecnología. Puedes pasar un tiempo intencional con tu familia, cocinar una comida elaborada, salir a caminar, ser voluntario en algún lugar, leer un libro o buscar un nuevo hobby. Incluso puedes encontrar algo que realmente disfrutes. El asunto es que todo libera algún nivel de dopamina, incluso beber un vaso de agua helada en un día caluroso. No lo apreciamos tanto porque nos hemos acostumbrado a los altos niveles de dopamina de estos comportamientos más adictivos. Básicamente hemos perdido nuestra sensibilidad a la dopamina y el objetivo de estas desintoxicaciones es recuperarla. Por eso es necesario encontrar otras cosas que te gusten, que liberen dopamina, aunque sea en menor cantidad.

Con el tiempo, te sentirás más satisfecho y feliz haciendo estas tareas.

Puedes hacer este tipo de día de desintoxicación tan a menudo como quieras. Una buena sugerencia es hacerlo una vez al mes. Simplemente apágalo completamente. Cuando empieces a introducir estas cosas en tu vida, hazlo con limitaciones. No sirve de nada volver a las viejas costumbres de inmediato. Pon límites como: sólo se te permite entrar en Internet después de las horas de trabajo o una vez que hayas completado todo en tu lista de tareas. Esto pone limitaciones en cuanto a cuándo y por cuánto tiempo accedes a Internet. Siempre puedes volver y desintoxicarte cuando sientas que estás siendo absorbido por tu necesidad de la cosa de la que te estás desintoxicando.

Intenta no exagerar con esta desintoxicación. Ha habido algunas personas que han llegado a eliminar todas las fuentes de placer de sus vidas, incluyendo hablar con la gente y comer alimentos que les gustan. Este no es el enfoque correcto en absoluto. Como mencioné antes, casi todo lo que hacemos liberará algún nivel de dopamina, así que tratar de eliminar todas las fuentes de placer de tu vida no te va a dar los resultados que quieres. Más bien, ten en cuenta las cosas que se están convirtiendo en una adicción en tu vida y disminuye tu contacto con esa cosa o quítala por un tiempo. Esta es una forma mucho mejor de desintoxicarse de la dopamina.

Engaña a Tu Cerebro para Hacer Cosas Difíciles

La desintoxicación de dopamina está pensada para ayudarte a hacer las cosas difíciles que no te motivan. Muchos estudiantes posponen sus ensayos finales porque parece una tarea enorme. Los empleados de oficina luchan por hacer sus informes de fin de año porque parece difícil y lleva mucho tiempo. Si lo haces de la manera correcta, verás un aumento en tu productividad y en tu motivación para hacer este tipo de cosas difíciles, entre otras. Aquí hay algunas maneras en las que puedes usar la dopamina a tu favor y engañar a tu cerebro para que haga las cosas difíciles que a menudo evitas.

Recompénsate

No hay nada más motivador que una recompensa. Es la razón por la que hacemos la mayoría de las cosas. Cuanto mejor sea la recompensa, más querremos hacer la tarea que nos traiga esa recompensa. Como las cosas que más queremos son las que liberan grandes cantidades de dopamina, podemos usarlas como recompensa por hacer cosas difíciles. Por ejemplo, si dices que se te permiten 30 minutos de tiempo en Internet si estudias un capítulo entero de tu libro de texto, estarás motivado para estudiar. No porque quieras estudiar, sino porque quieres la recompensa que viene después de estudiar.

Si vas a recompensarte con cosas que te distraigan mucho, como el tiempo de juego o de redes sociales, entonces tendrás que estructurarlo de manera diferente. En lugar de recompensarte inmediatamente, hazlo al final del día. Así que, por cada capítulo que estudies, date 30 minutos de tiempo en Internet que sean canjeables al final del día. Así que si estudiaste cuatro capítulos tienes dos horas que puedes pasar en Internet a tu gusto. De esta manera no interrumpirás tus horas productivas con distracciones, sino que seguirás trabajando para conseguir tu recompensa.

Escuchar Música

¿Sabías que la música libera dopamina? La música puede ser usada en conjunto con otras tareas para ayudar a motivarte a hacerlas. Las tareas en las que no necesitas un silencio total para completarlas pueden hacerse mucho más agradables haciendo sonar algunas de tus melodías favoritas. Algunas personas estudian y trabajan mejor con la música puesta, pero si no eres una de ellas, puedes seguir usando la música para otras tareas.

Hacer ejercicio, limpiar, reorganizar y administrar son tareas que se pueden hacer con la música encendida. No hace la tarea más agradable, pero la música libera dopamina, lo que te da la motivación necesaria para realizar la tarea. Este es un gran truco para cuando te sientes un poco cansado durante el día también. Te levanta el ánimo, así que, aunque sólo quieras escucharla antes de hacer la tarea, puede ayudarte a aumentar tus niveles de energía. También puedes usar la música como recompensa, como se describe en el punto anterior. Sólo permítete escuchar algo de música genial una vez que hayas completado cualquier tarea difícil que necesites hacer.

Sopesar el Costo de Oportunidad

El costo de oportunidad es el valor de lo que tienes que renunciar para elegir otra cosa. Hay un costo por no hacer las cosas difíciles que se supone que debemos, sin embargo, nuestro cerebro no registra eso a menos que pensemos activamente en ello. Por ejemplo, cuando elegimos no estudiar estamos eligiendo no estar preparados para nuestra prueba y eligiendo posiblemente reprobar. Así que, cuando se supone que debemos estudiar, pero todo en nosotros quiere que veamos otro programa de Netflix, en realidad no estamos eligiendo la opción más cómoda, estamos eligiendo hacernos daño a nosotros mismos en el futuro. Cuando sopesamos el coste de oportunidad de lo que estamos eligiendo no hacer, obtenemos una clara imagen de cuál es la mejor opción.

Cuando elegimos la salida fácil, sólo pensamos en por qué es buena para nosotros ahora. Si sopesáramos los pros y los contras de hacer lo difícil frente a hacer lo fácil, veríamos que lo fácil no es lo mejor para nosotros. Necesitamos entrenarnos para pensar así porque es mucho más fácil motivarse cuando se conoce el verdadero valor de lo que se está renunciando. Si tuvieras que elegir entre ver vídeos de YouTube o hacer una limpieza profunda en tu casa, la elección más fácil es YouTube porque ofrece una gratificación instantánea. Pero si supieras que encontrarías 100.000 dólares si limpiaras tu casa, ¿qué elegirías? Mi suposición sería que te pondrías a limpiar y no te faltaría la motivación para hacerlo. Esto es porque, aunque tengas que hacer algo más difícil, la recompensa es mayor. Si haces esto cuando te encuentras con una tarea difícil, serás capaz de motivarte para hacerla mucho más fácil.

Capítulo 4
Rutinas para la Productividad

Nos guste o no, somos criaturas de hábitos. Una vez que encontramos algo que nos gusta, caemos en un hábito y eso se convierte en nuestro defecto. Si realmente queremos ser productivos debemos tener las rutinas correctas en su lugar.

Necesitas diferentes rutinas para diferentes partes del día porque cada parte del día es diferente y requiere algo diferente. Crear rutinas que te hagan eficiente en cada punto te permitirá usar tu tiempo eficientemente. También te dejará ser más feliz en general porque no te estás forzando a algo que simplemente no va a funcionar. Verás que tu día simplemente fluye mejor cuando tienes la rutina correcta en su lugar.

Cuando se trata de desarrollar una rutina, hay mucho prueba y error, así que, en lugar de darte los pasos exactos, te voy a dar un esquema. Será tu trabajo pasar y decidir qué es lo más efectivo para ti, día y noche. Cada persona es diferente, así que, si fuerzas la rutina de otra persona sobre ti mismo, puede que no obtengas los resultados que quieres. Si hay un consejo específico que encuentras que no funciona para ti, deséchalo y hazte cargo de otra cosa. Se trata de crear TU día más productivo.

Las Mañanas Importan

La forma en que empezamos el día nos prepara para el resto. Si empiezas el día siendo lento y perezoso, entonces hay una pequeña posibilidad de que cambiemos eso por la tarde o por la noche. Esta es la razón por la que ha habido tanto énfasis en las rutinas matutinas. Si lo haces bien, el resto del día será mucho más suave.

Cuando se trata de las rutinas matutinas, hay algunas cosas que hay que tener en cuenta. Estas cosas te ayudarán a estructurar tu rutina para que sea la más efectiva para ti. Échales un vistazo y ve si hay algo que puedas mejorar en tu rutina actual.

Despertar

Por supuesto, lo más importante de empezar bien la mañana es despertarse. Hay muchas opiniones circulando sobre cuál es el momento adecuado para despertar. Todas ellas están bien si te funcionan, pero algunas personas no quieren levantarse súper temprano. Eso también está bien. Si no te es posible levantarte a las 5 de la mañana, no tienes que forzarte a hacerlo. En cualquier caso, es más importante cómo te despiertas que cuándo.

PRODUCTIVIDAD ATÓMICA

Dicho esto, diré que levantarse demasiado tarde puede ser un problema. Si desperdicias toda la mañana durmiendo, te perderás un tiempo de máxima productividad. Las mañanas son geniales porque el mundo es más tranquilo y te da espacio para pensar y estar solo. Si vives solo, entonces esto puede no ser un gran problema para ti. Deberías intentar despertarte unas horas antes de que tengas que empezar a trabajar. Si sólo te das el tiempo suficiente para prepararte, terminarás apurándote y tu día comenzará con estrés y agotamiento. Intenta despertarte unas dos horas antes de que tengas que estar en el trabajo (o incluso antes si tienes un largo viaje). Esto te dará tiempo suficiente para ti mismo y para hacer algo más que prepararse para el trabajo.

Una vez que suene la alarma, sal de la cama. Si puedes despertarte sin la alarma, es aún mejor. Nuestro cuerpo funciona con ciclos de sueño y cuando nos despertamos en medio de uno de estos ciclos, nos despertamos aturdidos, aunque tengamos una noche completa de sueño. Hay un montón de aplicaciones que ayudan a seguir los ciclos de sueño para que te despiertes en el mejor momento para ti. Si te despiertas a la misma hora todos los días, tu cuerpo se dará cuenta de esto y eventualmente, no necesitarás un despertador. Esta es la forma más ideal de despertarse. Esto significa que tendrás que despertarte a la misma hora todos los días, incluyendo los fines de semana. No rompas la rutina, tu cuerpo te lo agradecerá.

Eliminar la Toma de Decisiones

Todos tenemos una cantidad limitada de poder de decisión cada día. Usarlo demasiado temprano en la mañana es una muy mala idea, ya que las grandes decisiones probablemente sólo vendrán más tarde en el día. Por la mañana nuestras decisiones son qué ropa usar, qué desayunar, o qué empacar para el almuerzo. En el gran esquema de las cosas, estas son decisiones realmente intrascendentes. En lugar de desperdiciar tu capacidad de decisión en esas cosas, guárdala para cosas más importantes.

Inevitablemente, tendrás que tomar estas triviales decisiones matutinas en algún momento. El truco es hacerlo por la noche antes de dormir. Puedes tomar decisiones fáciles por la noche y esto formará parte de una rutina nocturna efectiva. Hablaremos más sobre esto más adelante en el capítulo.

Muévete Un Poco

Nadie dice que tengas que hacer una hora completa de ejercicio a primera hora de la mañana, pero definitivamente ayuda si haces algún tipo de actividad física. Despertará tu cuerpo y hará que tu sangre fluya. Verás que después estás más alerta y despierto.

Junto con el movimiento, recuerda hidratarte. No has bebido nada en toda la noche y probablemente estés deshidratado. Esta es la razón por la que mucha gente se siente cansada por la mañana. Impulsa tu metabolismo y date un aumento de energía con un vaso de agua fría por las mañanas antes de empezar a hacer ejercicio. ¡Recuerda elegir un ejercicio que te guste hacer!

Pon Tu Mente en la Zona

Si eres capaz de concentrar tu mente desde el comienzo del día, no tendrás que luchar con esto a medida que el día avanza. La estructura básica de poner tu mente en la zona debe ser hacer algo que disfrutes, gratitud, planear el día y aprender algo. Estas cuatro cosas forman una base para un día exitoso. Cada una ayuda a reenfocar tu mente en lo que es importante y te llevará a través del resto del día.

Estas cuatro cosas pueden parecer mucho, pero en realidad no llevan tanto tiempo. Hacer algo que te guste podría ser salir a caminar, acurrucarte con tu perro, leer un poco de tu libro o blog favorito, o cualquier otra cosa que te haga feliz. Dependiendo del tiempo del que dispongas, puede ser de 5 a 20 minutos por la mañana. Desde aquí, puedes pasar directamente a la gratitud. Mucha gente usa esto como un tiempo para meditar. El objetivo es pensar en todas las cosas que tienes, porque es difícil estar de mal humor cuando estás tan agradecido por todo lo que tienes. Lo siguiente es planear tu día. Piensa en lo que necesitarás hacer hoy. ¿Cuáles son tus objetivos principales para el día? Escribirlos los solidificará y te motivará a hacerlos. Esto posiblemente sólo te llevará unos pocos minutos.

Lo último de la lista es aprender algo. La mañana es probablemente el mejor momento para asimilar nueva información. Nuestras mentes están despejadas y despiertas, así que la nueva información se filtra. Tomarse 10 o 20 minutos para leer un libro o escuchar un podcast es una gran manera de expandir tu conocimiento. Incluso puedes hacer esto durante el viaje al trabajo. Enciende un podcast y ve lo que puedes aprender. Nunca se sabe qué nuevas perspectivas se pueden obtener con sólo dar unos minutos al día para aprender algo nuevo.

No tienes que hacer estas cosas en orden, haz lo que te funcione. Algunas de estas cosas pueden combinarse si se tiene poco tiempo. Lo que disfrutas y lo que aprendes podría ser leer algo nuevo. Moldéalo a tu estilo de vida.

Haz lo Más Difícil

Este paso no es en realidad parte de tu rutina matutina, pero debería ser lo primero que hagas en un contexto de trabajo. Técnicamente, seguirá siendo por la mañana, por eso se incluye. Si tienes una tarea difícil para el día, hazla primero. Este es el momento en el que tu fuerza de voluntad es más alta y eres capaz de dar a tus tareas la mayor atención. Todos sabemos que cuando el día pasa, las cosas se vuelven un poco locas y hay interrupciones que vienen de todos lados. Si ya has hecho lo más difícil del día, sabes que has logrado algo grande. Este sentimiento te motivará para el resto del día de trabajo.

Lo que pasa con las grandes tareas importantes es que no queremos hacerlas. Esas son las cosas que postergamos. Esas tareas son también la razón por la que nos sentimos tan improductivos cuando el día termina. Aunque sea lo peor del mundo, al menos sabes que ya ha pasado y que no hay nada más que pueda ser peor. Tu día mejorará a partir de ahí. Tampoco será el fin del mundo si el día da un giro inesperado y terminas teniendo que tirar el plan diario.

Bajón de la Tarde

Este es el peor momento del día para la productividad. Suele ser alrededor de la 1pm a las 3pm, después del almuerzo. Tu fuerza de voluntad está en su punto más bajo y no quieres hacer nada. Es aquí donde, la mayoría de los empleados sólo cuentan las horas hasta que pueden empacar e irse.

La razón del bajón de la tarde es que nuestros cuerpos tienen naturalmente una fuerte necesidad de dormir entre la 1pm y las 3pm. Este es un proceso natural y la razón por la que muchos países disfrutan de las siestas (siesta durante la tarde). Esta sensación de cansancio se ve empeorada por el estrés, la deshidratación y el simple hecho de estar agotado por el día de trabajo. Así que, si sientes que eres sólo tú, todos se sienten un poco perezosos durante la tarde. La buena noticia es que hay acciones que puedes hacer para que tus tardes sean productivas.

Tener una rutina definitiva para la tarde puede ser un poco difícil ya que cada día puede traer algo nuevo. La mitad de la jornada laboral es a menudo la más impredecible o la menos consistente. Lo mejor que puedes hacer es tener un sistema para organizar tus tareas y encajarlas en los mejores lugares durante el día. El objetivo es crear una especie de estructura que puedas seguir durante las tardes y que te permita ser tan productivo como lo fuiste por la mañana.

Comer el Almuerzo Adecuado

Si quieres tener energía durante toda la tarde, tendrás que comer un almuerzo nutritivo que te dará energía. Si comes una comida grande que es alta en grasa y azúcares, te sentirás aletargado y tu depresión empeorará. El almuerzo suele ser la comida más poco saludable de la gente porque tienen tanta hambre que empiezan a tener antojos de alimentos no saludables que están disponibles rápidamente. Si vas a comer una pizza con un poco de soda, definitivamente sufrirás un colapso por la tarde.

Asegúrate de preparar una comida saludable y sustanciosa de antemano. También debes vigilar el tamaño de las porciones. El exceso de comida (aunque sea saludable) puede hacerte sentir aletargado. Prepara un almuerzo saludable, así como algunos bocadillos que aumenten la energía para masticar a lo largo del día, para que cuando llegue la hora del almuerzo no te mueras de hambre. También asegúrate de beber suficiente agua durante el día. La hora del almuerzo es la oportunidad perfecta para ponerse al día con tu consumo de agua si te ha faltado.

En Realidad, Toma Tu Descanso

Hay un muy mal hábito que va alrededor del mundo corporativo donde la gente simplemente no toma sus descansos para almorzar. Puede sonar noble o puede parecer un trabajador dedicado cuando lo hace, pero la verdad es que en realidad está haciendo más daño que bien. Las personas no son robots y trabajar ocho o nueve horas seguidas no es bueno para nosotros. El descanso está ahí por una razón.

Lo mejor que puedes hacer en tu descanso es conseguir un cambio de escenario. Sal a tomar un poco de aire fresco mientras disfrutas de su almuerzo. Tómate este tiempo para aclarar tu mente. Puedes hacer algo que te guste como leer o escuchar música. Ese tipo de cosas te repone y le da a tu mente la oportunidad de renovarse. Intenta desconectar todo lo que puedas del trabajo mientras estás en el descanso.

Haz las Tareas Más Fáciles

Si has seguido la sugerencia de la productiva rutina matutina, entonces la parte más difícil de tu trabajo debe hacerse. Lo que queda son las cosas más fáciles y mundanas. Desafortunadamente, no importa cuánto lo intentemos, estaremos más desgastados por la tarde. Es sólo algo que sucede, así que en lugar de obligarnos a hacer cosas que son intensivas en energía, planificamos el día de manera que las cosas que usan menos capacidad intelectual se dejan para las tardes.

Si planeas tus días de manera efectiva, entonces serás capaz de hacer la mayor cantidad de trabajo. Intenta llegar a los correos electrónicos y programar las reuniones por las tardes. Estas tareas no usan mucha energía, así que no tienes que estar en la cima de tu juego para hacerlas. Planificar el día siguiente y atar los cabos sueltos también puede hacerse hacia el final del día. Esto te ayudará a tener todo listo para el día siguiente y sentirás que has logrado lo que te propusiste para el día.

Tardes Productivas

Un día productivo comienza la noche anterior. Las rutinas nocturnas son tan importantes como las matutinas, aunque no reciben tanta atención. Las cosas que haces por la noche pueden determinar si el día siguiente es tan productivo como te gustaría que fuera. El problema es que tan pronto como la gente llega a casa, sólo quieren relajarse para cenar y pasar el resto de la noche viendo Netflix. Aunque no hay nada malo en relajarse y ver tus programas favoritos, a veces exageramos. Podríamos usar el tiempo para prepararnos bien para el día siguiente y si somos inteligentes, podemos descansar lo que necesitamos.

Los siguientes son sólo elementos de una rutina nocturna efectiva. Si los puedes implementar diariamente, verás la diferencia entre cómo te sientes por la mañana y cómo duermes por la noche. El objetivo de las rutinas nocturnas es relajarse, desconectar, prepararse para el día siguiente y dormir bien. Tu rutina nocturna sólo se llevará a cabo después de que hayas comido, hayas cuidado a los niños y hayas completado las tareas nocturnas. Una vez que todo eso esté hecho, es hora de concentrarse en uno mismo. Si tienes un cónyuge, recuerda hacer tiempo para ellos también.

Haz Algo que Te Guste

A lo largo del día probablemente no estabas centrado en ti mismo. Estabas atendiendo a tu jefe, tus clientes y tus empleados. La noche es el momento en el que tienes que hacer algo por ti. Si tienes un hobby, este es el momento perfecto para hacerlo. Necesitas algo de tiempo para ti mismo, donde puedas desconectarte. Preferiblemente esto no incluye hacer maratón de tus programas favoritos.

Si no tienes un hobby entonces deberías encontrar uno. Puedes ser productivo en otras áreas aparte del trabajo. Los hobbies y los clubes te permiten explorar tus otros intereses y te ayudan a crecer en otras áreas. Esencialmente, te estás convirtiendo en una persona más completa cuando tu vida consiste en algo más que el trabajo y las responsabilidades del hogar.

Las noches también son un gran momento para hacer ejercicio si no tuviste la oportunidad de hacerlo durante el día. Muchas personas van al gimnasio, practican un deporte o simplemente salen a correr. Es una gran manera de desahogarse y poner su energía en otra cosa. También te sentirás mejor después de hacer que tu cuerpo se mueva.

Planeación para el Mañana

Después de que todas tus responsabilidades hayan sido atendidas, es hora de planear para el día siguiente. Esta planificación incluye la preparación de la comida y el arreglo de la ropa para mañana. ¿Recuerdas que en la sección de rutina matutina hablamos de no tomar demasiadas decisiones por la mañana? Bueno, tomar esas decisiones la noche anterior es la forma de hacerlo.

Recuerda tomar decisiones saludables en las comidas. Puedes preparar el desayuno y el almuerzo para tener más tiempo por las mañanas. Sacar la ropa te permitirá hacer una transición suave desde la cama hasta prepararte sin tener que detenerte a decidir qué ponerte.

Este momento también es ideal para sentarse y planificar las actividades que quieres hacer al día siguiente. Algunas personas prefieren hacer esto por la mañana, pero la noche funciona igual de bien. También puedes pasar un tiempo reflexionando sobre cómo fue el día. Piensa en lo que salió bien y en lo que se puede mejorar. Esta es una forma activa de seguir mejorando cada día. El diario es una gran herramienta para esto. También te ayudará a sacar cualquier pensamiento y ponerlo en papel. Verás cuánto menos piensas o te preocupas por las cosas una vez que salen de tu cabeza y se ponen sobre papel. Esto te ayudará con el proceso de cierre.

Prepárate para la Cama

Dormir bien por la noche depende mucho de las acciones que hagas antes de quedarte dormido. A menudo nos metemos en la cama y tratamos de dormirnos, pero nuestros pensamientos corren y nos cuesta dormirnos. Lo peor es que nos metemos en la cama y vemos videos de YouTube o nos desplazamos por las redes sociales durante tanto tiempo que ya ni siquiera nos sentimos cansados. Podemos terminar quedándonos despiertos mucho más tarde de lo que pensamos.

Si no tenemos un buen y descansado sueño nocturno, no seremos capaces de funcionar en nuestro mejor momento por la mañana. El sueño debe ser una prioridad para todos nosotros y no tiene que ser una lucha cada noche. Crear una buena rutina es el primer paso y mantenerla es el segundo. Una vez que hayas completado todo lo que querías para la noche, empieza una rutina para dormir. Esta será exactamente la misma cada noche para que tu cuerpo sepa que es hora de relajarse. Encuentra algo que funcione para ti. Por ejemplo, tu rutina podría ser algo como: beber una taza de té, cepillarse los dientes, leer durante 20 minutos, ir a dormir. Si haces estas cosas constantemente cada vez que te preparas para ir a la cama, tu cuerpo lo tomará como una señal para la hora de dormir. Será mucho más fácil quedarse dormido si tu cuerpo reconoce esto.

Otra gran cosa que debes hacer si realmente quieres una buena noche de sueño es dejar de lado toda la tecnología 30 minutos a una hora antes de ir a la cama. Eso es teléfonos, laptops, tablets, televisores y cualquier otra cosa que tenga una pantalla de luz. La luz emitida por estos dispositivos engaña al cuerpo a creer que todavía es de día, por lo que a mucha gente le cuesta dormirse cuando están hablando por teléfono. Nuestros cuerpos están diseñados para dormir cuando oscurece, así que, si eso nunca sucede, puede ser un reto dormirse rápidamente. Definitivamente no debería llevarte horas de estar acostado en la cama antes de quedarte dormido.

PRODUCTIVIDAD ATÓMICA

La lectura es una cosa mucho mejor que hacer antes de la cama. Podrías leer un libro físico o en un lector electrónico. No te sugiero que leas en tu teléfono, aunque lo pongas en modo nocturno, puedes distraerte fácilmente con mensajes y notificaciones. Realmente no importa lo que leas, ficción o no ficción, elige algo que te guste. Verás que tus ojos empiezan a pesar y podrás dormirte unos momentos después de dejar el libro y apoyar la cabeza en la almohada. La calidad de tu sueño mejorará, lo que mejorará tu estado de ánimo al día siguiente.

Capítulo 5

Administración de Tu Energía y Atención

Hay muchos libros y artículos sobre el manejo del tiempo, pero no muchos sobre el manejo de la atención y la energía. Yo diría que estos dos aspectos son incluso más importantes que la gestión de tu tiempo. No importa cuánto tiempo tengas, nunca serás capaz de hacer nada si tu energía es baja o si no eres capaz de prestar atención a la tarea en cuestión. Por eso es que tanta gente lucha con la gestión del tiempo.

Todos tenemos el mismo número de horas en el día. No importa lo que hagamos, nunca podemos conseguir más que eso, sin embargo, hay algunas personas que parecen conseguir mucho más en ese tiempo que otros. No son especiales, ni tienen alguna fórmula secreta de gestión del tiempo. Estas personas son las que saben cómo manejar su energía y atención. Así que, aprendamos a convertirnos en una de ellas.

Administrando Tu Energía

Primero hablemos de la gestión de la energía. Desafortunadamente, este es un recurso que se agota constantemente. La gente cree que puede funcionar durante un largo período de tiempo con bajos niveles de energía, pero finalmente se agotan. A largo y corto plazo es que necesitamos energía para poder hacer las cosas. Tratar de vencer a este sistema sólo nos perjudica a nosotros mismos y a nuestra productividad a largo plazo.

Las personas más productivas son aquellas que son capaces de aprovechar al máximo el tiempo que tienen. El tiempo no es el factor limitante. Una vez que te des cuenta de esto, podrás cambiar tu mente a la gestión de tu energía. Todo nuestro potencial depende de la energía necesaria para llegar allí.

Los Cuatro Tipos de Energía

La energía se puede encontrar en cuatro áreas diferentes de nuestras vidas. Deberíamos ser conscientes de estas cuatro áreas. Si sabemos cuáles de estas áreas faltan, podemos centrarnos en elevar ese nivel. Estas cuatro áreas son la energía física, emocional, espiritual y mental. Profundicemos en ellas un poco más:

Energía Física

Esta es enumerada en primer lugar porque es la base de todos los demás tipos de energía. Naturalmente, si no tenemos la energía física para hacer algo, los otros tipos de energía no importarán mucho. La energía física tiene que ver con tu cuerpo y con lo saludable que es. Aunque es importante para nosotros, es el tipo que más se descuida. La gente suele sobrepasar sus límites físicos y luego termina tan fatigada que se siente infeliz, deprimida y comienza a sufrir toda una serie de problemas de salud.

Las tres cosas que más afectan a nuestra energía física son la nutrición, la condición física y el sueño. Estoy seguro de que puedes elegir al menos una de estas cosas que has estado descuidando. Aunque son tan importantes para nuestro bienestar, estas tres áreas de nuestras vidas son las primeras que dejamos ir cuando la vida se vuelve un poco estresante. Comenzamos a comer compulsivamente, salteamos el gimnasio, y comenzamos a permanecer despiertos más tiempo para terminar cualquier tarea que necesitemos hacer.

Energía Emocional

La energía emocional es definida por lo bien que manejamos nuestras emociones. Si somos una persona positiva que mira el lado positivo, entonces nuestra energía emocional es alta. Por otro lado, si estamos constantemente agitados, enojados, frustrados o abrumados, entonces hay una buena posibilidad de que nuestra energía emocional esté desequilibrada.

Cuando nuestra energía emocional es baja, tendemos a reaccionar a las cosas de mala manera. Tenemos una baja tolerancia a los inconvenientes y a las cosas que causan estrés. Definitivamente habrá momentos en los que tu energía emocional se agote, como grandes proyectos, exámenes y muchas situaciones en las que la gente cuente contigo, pero no siempre debes estar sin energía. Por lo general, la gente que te rodea será capaz de saber si estás emocionalmente agotado antes de que te des cuenta. La energía emocional no es algo a lo que solemos prestar atención porque no vinculamos las emociones con los sentimientos de fatiga. Si te encuentras actuando fuera de carácter o siendo breve con la gente, puede que sea el momento de auto reflexionar y comprobar tu energía emocional.

Energía Espiritual

Este tipo de energía está ligada a la sensación de propósito que tenemos cuando hacemos algo. Cada uno de nosotros quiere hacer algo o ser parte de algo que nos da un propósito. Queremos sentirnos realizados por las cosas en las que pasamos nuestro tiempo. Si nuestro trabajo no nos satisface, podemos luchar para llenar esta forma de energía. Esto es especialmente así si estamos haciendo algo que va en contra de nuestros valores y creencias.

Si eres una persona religiosa, entonces tu religión también juega un papel importante aquí. Tendrías una cierta estructura de creencias y cualquier cosa que comprometa que te ponga en una situación difícil. Esto es muy conflictivo y puede causar algunas luchas internas. Si no vives de acuerdo a tus valores y creencias, tu energía espiritual puede disminuir y podría manifestarse como si estuvieras agotado y desmotivado.

Energía Mental

La energía mental se centra en lo que está pasando dentro de tu mente. Mucha gente sufre de niebla mental. Si no puedes pensar con claridad entonces no hay manera de que seas productivo. Tu mente tiene que estar avispada para que puedas planear, preparar y completar las tareas que necesitas. Si te encuentras constantemente a la deriva o no eres capaz de concentrarte en una cosa durante una buena cantidad de tiempo, entonces tu energía mental podría agotarse.

Nuestra mentalidad no sólo afecta a nuestra mente, sino que eventualmente comienza a entrar sigilosamente en nuestras relaciones, ética de trabajo y salud física. Ha habido un aumento en la conciencia de la importancia de la salud mental. Esto se debe a que podemos ver los efectos de la depresión y la ansiedad. Parece que esto está aumentando a un ritmo rápido. No es bueno para nosotros estar en un espacio mental negativo. Una mentalidad sana es aquella que es positiva y que busca soluciones a los problemas en lugar de ser dañada por ellos.

Aumentar Tus Niveles de Energía

Hay cosas que puedes hacer para conseguir más energía a corto plazo, la cafeína es una de ellas. Sin embargo, cualquier solución rápida que intentes no llegará a la raíz del problema y probablemente hará más mal que bien a largo plazo.

Energía Física

Ya hemos hablado de que las tres áreas principales de la energía física son la nutrición, la condición física y el sueño. Ahora necesitamos ver cómo podemos aumentar la energía física general mejorando cada una de estas áreas. Por supuesto, todas estas áreas son importantes para tu energía física, pero necesitan cosas diferentes de ti para ayudar a encontrar el equilibrio. Así que nos centraremos en cada una de ellas. Asegúrate de no descuidar una porque todas se afectan mutuamente de alguna manera. La única manera de tener una energía física óptima es tener todas estas áreas en condiciones óptimas.

Hablemos primero de la nutrición. Los alimentos que comemos alimentan nuestros cuerpos, es la forma más básica de energía. Necesitamos un buen combustible para mantenernos durante largos períodos de tiempo y evitar que choquemos al principio del día. El objetivo de tener una nutrición adecuada es estabilizar nuestros niveles de azúcar en la sangre. Cuando comemos algo que no es saludable, que está muy procesado o que tiene un alto contenido de azúcar, se eleva el nivel de azúcar en la sangre y luego vuelve a bajar muy rápidamente. Esto es lo que nos da esos picos de energía y los choques. Deberíamos intentar comer alimentos que liberen energía de forma lenta y sostenible. Así es como alimentamos nuestros cuerpos durante todo el día.

Para que puedas comer estos alimentos saludables tienes que tenerlos disponibles. Por lo tanto, es hora de echar un vistazo en tu alacena y hacer una limpieza a fondo de todo lo que no es bueno para ti. Las mejores opciones son los alimentos enteros o los que están mínimamente procesados. Los alimentos ricos en proteínas y carbohidratos saludables se queman más lentamente y te mantienen lleno por más tiempo. También recuerda incluir una buena cantidad de frutas y verduras frescas en tu dieta. Tu cuerpo necesita una dieta equilibrada para funcionar correctamente.

Lo siguiente en lo que debemos centrarnos es en la condición física. Nuestro nivel de condición física determina cuán bien transportamos el oxígeno a través de nuestro cuerpo. Como sabes, el oxígeno es extremadamente importante para que podamos vivir. Un mayor transporte de oxígeno significa más energía y podemos mantenernos durante mucho más tiempo. Las personas que no hacen ejercicio regularmente corren más riesgo de sentirse lentos y aletargados a lo largo del día. Esto perjudica nuestra productividad. ¿Por qué crees que la mayoría de los gurús de la productividad están en tan buena forma? Esto definitivamente no significa que tengas que ser musculoso para ser productivo, pero sí que tienes que tener un nivel de condición física decente. Por lo tanto, si te sientes sin aliento jugando con los niños o dando una caminata rápida, entonces es hora de subir tu nivel de condición física.

Desafortunadamente, la única manera de hacerlo es haciendo ejercicio. El ejercicio es una de las acciones más odiadas y evitadas en nuestra sociedad actual. La gente siempre se apresura a inventar excusas de por qué no pueden comprometerse con él. La excusa más común es no tener suficiente tiempo. Mira, realmente no tienes que hacer ejercicio durante dos horas todos los días para estar sano. Sólo 30 minutos tres veces a la semana. Si fueras realmente honesto contigo mismo podrías encajar esto en algún lugar. ¿Quizás no veas esa repetición de Friends por 15ª vez? Empieza con algo pequeño y luego auméntalo, incluso 5 minutos de ejercicio es mejor que nada. Encuentra algo que te guste hacer y sigue con ello.

Lo último que ayuda a aumentar la energía física es el sueño. Dormir es literalmente descansar y recargar tu cuerpo. No hay manera de que puedas ser efectivo si no duermes lo suficiente. Además, recuperar el sueño los fines de semana no es algo real. El sueño no funciona en un promedio por semana porque no puedes llevarlo al día siguiente. Tienes que dormir bien todos los días. Duerme siete u ocho horas de buena calidad por la noche y casi inmediatamente notarás un aumento en tus niveles de energía y estado de alerta.

Energía Emocional

La energía emocional puede ser difícil de recuperar rápidamente. Si te sientes emocionalmente agotado, ayuda a descubrir cuál es la causa y contrarrestarla. Recuerda que las emociones se trasladan a todas las áreas de tu vida, así que, si estás molesto por algo que ocurrió en casa, seguirás sintiendo esas emociones cuando llegues al trabajo. Siempre habrá cosas que jueguen con tus emociones, pero una verdadera señal de estabilidad emocional es si esas cosas no te paralizan. Todavía debes ser capaz de continuar con tus tareas diarias y buscar el lado positivo de la situación.

La gente también juega un papel importante en nuestra energía emocional. Algunas personas nos agotan y otras nos levantan el ánimo y nos dan energía. Por eso es importante tener a las personas adecuadas a tu alrededor. Si te das cuenta de que alguien es un constante desalentador o su presencia te agota, entonces intenta no estar en su presencia a menudo. Elige amigos que te levanten el ánimo y que te gusten tenerlos alrededor. No tienes la obligación de estar en compañía de personas que te deprimen. A menudo asumimos la energía de la gente que nos rodea. Así que incluso si eres una persona que tiene una visión negativa de las cosas, te hará bien estar en compañía de personas positivas.

Cuando se trata de la energía emocional, también puede ayudar a entender si eres introvertido o extrovertido. Esto no tiene nada que ver con si te gusta la gente o no. Tampoco tiene nada que ver con si eres tímido o no. Los extrovertidos obtienen su energía de estar cerca de la gente, mientras que los introvertidos obtienen su energía de estar solos. Ambos grupos necesitan a las personas, pero en cantidades diferentes. Si un extrovertido se siente deprimido, buscará a la gente. Si un introvertido se siente deprimido preferiría estar solo, pero una vez que su energía está arriba, disfrutan de la compañía de los demás. Saber en qué categoría te encuentras puede ayudarte a decidir qué necesitas hacer cuando te sientes un poco agotado. Tanto si eres un introvertido como un extrovertido, necesitarás a las personas adecuadas a tu alrededor. Ambos necesitan amigos y familiares positivos con los que disfruten de estar cerca.

Energía Espiritual

Si te apasiona lo que haces y encuentras un propósito en ello, tendrás energía para ello. A veces nuestros trabajos no nos satisfacen de esa manera. Si puedes encontrar un trabajo que realmente te satisfaga y se alinee con tus valores fundamentales, entonces definitivamente deberías seguir con él. Si no tienes uno de estos trabajos, tendrás que intentar realizarte en otras áreas. Esto puede ser difícil ya que en tu trabajo es donde pasarás la mayor parte del tiempo. Dicho esto, no necesariamente tiene que ser un lugar donde se obtenga el propósito.

Lo primero que tienes que hacer es descubrir qué es lo que te apasiona. Sé que puede ser una pregunta difícil de responder para algunos, pero definitivamente vale la pena hacer algo de introspección para averiguarlo. Hay cosas que realmente disfrutas y si aún no las has encontrado, puede ser muy divertido y satisfactorio probar diferentes cosas hasta llegar a lo que realmente te gusta hacer. Empieza por ofrecerte como voluntario y hacer cosas para otras personas. Cuando hacemos cosas para otros nos sentimos satisfechos. A menudo podemos quedarnos atrapados en nuestras propias vidas que olvidamos que hay problemas en el mundo que tenemos los recursos para cambiar.

Si eres una persona religiosa, conecta con tu religión. La vida a veces se ocupa y podemos olvidarnos de conectar con lo que realmente creemos. Vuelve al principio y rodéate de personas con ideas afines que compartan tus mismos valores fundamentales. Esto te ayudará a guiarte y a mantenerte en el camino que necesitas seguir. La religión y la fe son una gran parte de la vida de muchas personas y puede agotarte si no estás tan conectado como solías estar.

Energía Mental

Sabrás que tu energía mental es alta cuando tengas una mente clara, seas capaz de concentrarte en las tareas que tienes delante y tengas el hábito de pensar positivamente. Si estás constantemente deprimido, sufres de una niebla mental, o simplemente te sientes nervioso todo el tiempo, entonces es muy posible que tu energía mental esté mermada. Sentirías como si no tuvieras espacio en tu mente para más información y no fueras capaz de ordenar todo eficazmente. Este tipo de cosas le suceden a la mayoría de las personas al menos unas pocas veces, así que no estás solo.

Si quieres aumentar tu energía mental tienes que aprender a aclarar tu mente. Esto puede ser difícil en esta era digital. La información es lanzada a nosotros a tal velocidad que apenas tenemos tiempo para clasificarla. Practicar mindfullness es una gran manera de desconectar y refrescar nuestras mentes. Mindfullness es sólo tomarse un tiempo para hacer una pausa y ralentizar la mente. Te da tiempo para ordenar los pensamientos, sentimientos y experiencias. Puedes preguntarte por qué te sientes de cierta manera o reflexionar sobre por qué reaccionaste a una situación de una manera específica. Este tipo de ralentización es exactamente lo que nuestras mentes necesitan. Incluso si no piensas necesariamente en nada durante este tiempo, está perfectamente bien. Nuestras mentes también necesitan un descanso.

La gente ha encontrado un gran éxito en hacer ejercicios de respiración profunda para aclarar sus mentes. Otra cosa que funciona es retirarse de la situación que te está estresando o que te hace sentir abrumado. No se trata de huir de tus problemas, sino de retroceder para refrescar tu perspectiva. Una vez que retrocedas, serás capaz de ver la situación bajo una luz diferente. Dar un paseo y tomar un poco de aire fresco es a veces todo lo que necesitas. Una vez más, reiteraré lo importante que es tener a las personas adecuadas a tu alrededor. Asegúrate de que las personas con las que te rodeas sean inspiradoras y puedan ayudarte a salir de los bloqueos mentales, en lugar de personas que te deprimen y sólo miran lo negativo. Es tan importante proteger tu salud mental, que no dejes que otras personas sean la razón por la que estás perdiendo energía mental.

Renovando Tu Energía A Lo Largo del Día

A medida que el día avanza, podemos caer en una depresión de nuestra energía. Estas caídas a veces no son causadas por una falta importante en una de las áreas mencionadas anteriormente, sino que se trata sólo de la necesidad de un aumento o renovación de energía. Cuando realizamos tareas monótonas o estresantes, puede minar nuestra energía. Esperemos que no estés haciendo este tipo de tareas todo el tiempo, pero no se pueden evitar completamente. Si te sientes un poco exhausto y tu energía ha sido agotada, necesitas tener un plan sobre cómo darte un pequeño aumento de energía. Afortunadamente, no tiene que ser mucho.

Tomar una Siesta

Ha habido muchos estudios que muestran que las siestas de mediodía mejoran el estado de ánimo y la productividad. Es un momento para apagarse y descansar antes de seguir adelante con el resto del día. Esto puede ser difícil en un ambiente de oficina, pero si eres capaz de dormir una siesta rápida de 20 minutos, entonces deberías hacerlo. Cierra la puerta de tu oficina o ve a tu automóvil y cierra los ojos. Si trabajas para ti mismo o desde tu casa esto será más fácil para ti, así que tómate un descanso y recuéstate un rato. Una vez que despiertes, bebe un poco de agua para refrescarte y estarás listo para irte durante las próximas horas.

Tomar un Poco de Aire Fresco

A veces todo lo que necesitamos es un cambio de escenario y escapar. Tomar un poco de aire fresco y algo de sol puede ser justo lo que necesitas. Te sorprendería lo refrescado que te sientes después de haberte tomado un tiempo para caminar afuera. Es incluso mejor si tomas tu descanso para almorzar afuera. Deja que tu mente deambule y no pienses en el trabajo durante este tiempo, disfrútalo.

Meditar

Hay mucha gente que es escéptica sobre la meditación. Esto es probablemente porque tiene algún tipo de estigma espiritual. No tiene por qué significar decir un mantra específico o algo así. De hecho, la meditación puede parecer diferente para cada persona. Puedes escuchar una meditación guiada (hay muchas aplicaciones, podcasts y videos de Youtube que hacen esto) o simplemente puedes sentarte y escucharte a ti mismo respirar. El objetivo es ralentizar tu mente y darle un descanso a todo lo que estuviste pensando durante el día.

Leer o Escuchar Algo Inspirador

A veces todo lo que necesitamos es una nueva perspectiva y un libro o podcast inspirador puede ayudar con eso. También ayuda a despejar tu mente del trabajo que estás haciendo actualmente y enfocarte en otra cosa completamente. Podrías leer o escuchar algo divertido o simplemente interesante también. Trata de mantenerte alejado de las redes sociales y de Internet en general. Los libros y los podcasts son tu mejor apuesta ya que hay menos posibilidades de que te distraigas y aterrices en algún laberinto de Internet.

Elige lo que vas a leer o escuchar de antemano. Esto te evitará tener que desplazarte y encontrar algo que valga la pena. Puedes hacer esto en tu hora de almuerzo. Leer o escuchar un audiolibro le dará a tu mente un descanso de tu trabajo. Tampoco sabes lo que aprenderás que podrías implementar en algún momento en el futuro. Esto es sólo un buen hábito para implementar en tu vida diaria.

Haz Algo Divertido

A menudo estamos agotados porque hacemos un trabajo duro y a veces no disfrutamos de las tareas que tenemos que hacer. Para terminar con esto, elige usar tu descanso para hacer algo que disfrutes. Nadie dijo que no se puede tener un poco de diversión durante el día de trabajo. Date un paseo. Come en tu restaurante favorito. Trabaja en un hobby. Encuentra la manera de llevar algo que te guste a tu entorno de trabajo y sácalo cuando te sientas un poco agotado.

Hacer algo divertido es una gran manera de tomar un descanso. Muy a menudo tomamos descansos sólo para comer y no disfrutamos del tiempo. Esta es una forma ineficiente de tomar un descanso. Se llama descanso por una razón; deberías ser capaz de romper completamente con tu trabajo por un tiempo. Una vez que lo hagas, te darás cuenta de que estás renovado y tendrás mucha más energía para afrontar el resto del día.

Llama a un Amigo

A veces todo lo que necesitamos es una voz amiga o alguien con quien hablar. Tómate un descanso para charlar con un amigo y ponte al día con él. Ya sabemos que las relaciones son importantes y esta es una gran manera de cultivar tus relaciones y subir tus niveles de energía. Recuerda llamar a alguien que sea positivo y que te levante el ánimo. No llames a alguien que quiera algo de ti o que termine por deprimirte. El objetivo es tener una conversación divertida y desenfadada o desahogarse si es necesario. Hay un momento y un lugar para hablar de problemas personales o pedir favores y no es éste.

Es una buena idea hacer saber a tus amigos que podrías llamarlos cuando sólo quieres charlar y tener un descanso del trabajo. Asegúrate de que sepan que pueden hacer lo mismo contigo. Esto también establece la expectativa de la llamada telefónica. Ambas partes sabrán qué esperar de la llamada y con suerte ambas se irán sintiéndose mejor.

Administrando Tu Atención

Al igual que el tiempo, nuestra atención es un recurso limitado. No podemos hacer más de eso, así que cuando se hace, se hace. Esto significa que necesitamos saber dónde poner nuestra atención para poder ser más productivos. La atención es una herramienta poderosa que puede ayudarnos a llegar más lejos en nuestras vidas, pero, si se usa en las cosas equivocadas, puede tener el efecto contrario. Al final del día, a lo que prestamos atención es a lo que se manifestará en nuestras vidas.

Si prestamos atención al trabajo que estamos haciendo, se hará. Si prestamos atención a las cosas que no son importantes, viviremos en un estado de distracción constante y nunca haremos nada productivo con nosotros mismos. Por eso es que el lugar donde enfocas tu atención es mucho más importante que el tiempo del que dispones. Una mente enfocada puede hacer las cosas en la mitad del tiempo que una mente distraída.

La atención es la capacidad de concentrarse en una cosa mientras se ignoran todos los demás estímulos. En realidad, puede moldear la forma en que vemos las cosas a nuestro alrededor y cómo experimentamos el mundo. Nosotros decidimos a qué le damos nuestra atención, ya sea consciente o inconscientemente. Esta es también la razón por la que tres personas pueden estar en la misma habitación, ser testigos de la misma situación, pero todos dan diferentes interpretaciones de lo que pasó. Todo se reduce a dónde está su atención.

Por mucho que nos gustaría pensar que podemos concentrarnos en muchas cosas a la vez, simplemente no podemos. Si tratamos de concentrarnos en demasiadas cosas, nunca nos centramos realmente en nada y nuestro cerebro se divide en demasiadas direcciones. Como he mencionado antes, la atención es un recurso finito. Así que tienes la opción de centrarte en una cosa y hacerla lo más rápida y eficientemente posible, o puedes intentar centrarte en muchas cosas dando pequeños trozos de tu atención a cada una. Esencialmente, te llevará más tiempo completar esas tareas y puedes confundirte y abrumarte fácilmente.

Los Dos Tipos de Atención

Hay dos tipos de atención ahí fuera. La primera es la atención voluntaria y la segunda es la atención involuntaria. Conocer la diferencia entre los dos ayudará a administrarla.

Atención Voluntaria

Cuando pensamos en prestar nuestra atención a algo, este es el tipo de atención en el que pensamos. Tenemos un control consciente sobre este tipo de atención y por lo tanto elegimos dónde la ponemos. Usamos nuestra fuerza de voluntad para poner nuestra atención en algo en lo que queremos concentrarnos. Necesitamos este tipo de atención para bloquear todos los demás estímulos y concentrarnos en lo que necesitamos hacer. En lo que gastamos nuestra atención voluntaria es usualmente en lo que seremos productivos.

Puede ser difícil llamar este tipo de atención cuando hay muchas cosas a nuestro alrededor que nos distraen. Por mucho que prestar atención a algo sea un acto de fuerza de voluntad, sólo tenemos una fuerza de voluntad limitada. Tan pronto como añadimos una distracción a la mezcla, hacemos más difícil que prestemos atención a las cosas que necesitamos. Por eso preferimos trabajar y estudiar en zonas tranquilas o poner nuestros teléfonos en silencio cuando estamos ocupados con algo importante.

Todo lo sorprendente que nos rodea fue construido usando atención voluntaria. Las hermosas obras de arte que nos llevó años completar, las inspiradoras y entretenidas historias que leemos, las obras maestras de la arquitectura en todas nuestras ciudades, los programas de televisión que vemos y la tecnología que disfrutamos, todo nació de la atención voluntaria de alguien. Desafortunadamente, el mundo en el que vivimos hoy en día hace que sea más difícil para nosotros aprovechar nuestra atención voluntaria. Se necesita un esfuerzo mucho más consciente de nuestra parte para llegar a un estado en el que podamos prestar toda nuestra atención a algo.

Atención Involuntaria

La atención involuntaria es el tipo de atención que no controlamos conscientemente. Está controlada por las cosas que suceden a nuestro alrededor. Piensa en cuando escuchas un ruido fuerte, alguien te llama por tu nombre, o cuando notas algo fuera de lo normal. No dices continuamente "Voy a concentrarme en esa cosa", pero tu mente ya está ahí. Este tipo de atención es lo que normalmente nos distrae de dar nuestra atención voluntaria a las cosas que son importantes.

La atención involuntaria no es del todo mala. De hecho, realiza una función importante en nuestras vidas. La necesitamos cuando estamos en peligro o necesitamos atraer rápidamente nuestra atención a algo. Si no tuviéramos atención involuntaria, estaríamos tan concentrados en las tareas que tenemos por delante que no nos retraemos si, por ejemplo, sonara la alarma de incendios. A veces necesitamos que nuestra atención se aleje de las cosas en las que nos estamos centrando. El problema es que hay demasiada estimulación externa. Nuestras mentes están siempre en la etapa de atención involuntaria. Esto es realmente malo para nuestra productividad.

Con todo eso dicho, si usamos la estimulación involuntaria de la manera correcta puede dar a nuestras mentes el descanso que necesita. Podemos calmar la mente y dejar que se concentre en lo que quiera. Piensa en que cuando sales a caminar por la naturaleza, no te concentras conscientemente en nada. En su lugar, sólo dejas que tu atención sea atraída en la dirección que quiera. Cuando se usa de esta manera, la atención involuntaria puede aliviar el estrés y rejuvenecer la mente.

Atención Enfocada

Bajo la sombra de la atención voluntaria está la atención centrada. Esto dicta cómo utilices la atención voluntaria para centrarte en una cosa determinada. Los dos tipos son la atención interna reducida y la atención interna amplia. Se utilizan en diferentes situaciones. No es muy importante profundizar en este tema, pero debes tener un entendimiento básico de él. De esta manera, podrás saber qué tipo de atención deberás utilizar para ser eficaz en determinadas situaciones.

La interna reducida es cuando te concentras en una tarea específica. Te permite poner toda tu atención en esta única cosa. No tienes que considerar otros aspectos a tu alrededor. Ayuda cuando tienes una tarea difícil o meticulosa que hacer. No es bueno ser interno reducido cuando estás tratando con otras personas o tienes tareas más grandes que hacer y planificar. El enfoque reducido puede crear una visión de túnel y dificultar la consideración de otras áreas.

El enfoque amplio te da una perspectiva más amplia. Te enfocas más en el panorama general y puedes tratar con temas complejos. Los proyectos más grandes necesitan que uses un enfoque amplio, especialmente en las etapas de planificación. Por otro lado, tener este enfoque puede ser algo malo cuando tienes que entrar en los detalles de las cosas. Si trabajas con presupuestos, contabilidad y tareas complicadas, entonces tener un enfoque amplio puede ser un obstáculo.

Un enfoque amplio y reducido puede ser explicado un poco mejor usando un ejemplo. Piensa en un juego de béisbol. Cuando el jardinero se pone en posición y comienza el juego, tiene que tener un enfoque amplio. Asimila todo lo que está sucediendo para que sea consciente de todo el juego. Se asegura de saber dónde están situados los otros jugadores para que si tiene que atrapar la pelota sepa exactamente qué hacer con ella. Tan pronto como el bateador golpea la pelota, su enfoque cambia a un enfoque reducido. El jardinero debe mantener su atención en la pelota para que pueda atraparla. Una vez que está en sus manos, cambia de nuevo a enfoque amplio para ver dónde necesita lanzar la pelota antes de cambiar de nuevo a enfoque reducido para calcular la mejor manera de lanzar la pelota para que llegue a las manos del jugador de base.

Cuando se trata de béisbol, este cambio debe ocurrir en cuestión de segundos. Esperemos que este ejemplo haya mostrado cómo cada uno de estos tipos de enfoques ayuda a la productividad en diferentes situaciones. En la vida cotidiana, no tenemos que cambiar entre los dos tan rápidamente. Sólo tenemos que entender qué tareas encajan en cada categoría para poder planearlas. En general, las tareas que requieren un enfoque reducido necesitan mucha más atención, ya que agotan a una persona mucho más rápido. El mejor momento para hacer estas tareas es cuando se tiene más energía y la atención está en su punto máximo. Las tareas de enfoque más amplio pueden dejarse para más tarde porque no requieren tanta atención intensa.

Cómo Administrar la Atención Eficazmente

Ahora que sabemos un poco más sobre la atención y por qué es importante, lo siguiente que necesitamos entender es cómo manejar esta atención adecuadamente. Cuando interrumpimos nuestra atención, lleva tiempo volver a la zona. Esto es un montón de tiempo perdido. Algunos estudios han demostrado que toma alrededor de 30 minutos para recuperar la atención después de que te has distraído. Son 30 minutos de no hacer nada porque estás tratando de guiar tu mente a lo que se supone que debe hacer.

Lo primero que debes hacer es asegurarte de limitar la cantidad de distracciones a tu alrededor. Las distracciones son el ladrón de atención. No quieres pasar de la atención voluntaria a la involuntaria varias veces mientras realizas una tarea importante. Comprende lo que te distrae y luego retírala. Si son otras personas las que siguen interrumpiéndote, haz un letrero y colócalo en tu escritorio para que la gente sepa que no debe molestarte durante este tiempo. También puedes escuchar algún ruido blanco para ahogar todos los demás sonidos. Hay una gran cantidad de cosas que puedes hacer para eliminar las distracciones una vez que sabes cuáles son.

También deberías tomarte un tiempo para averiguar cuándo tu atención está en su punto más alto. Algunas personas encuentran que se concentran mejor por las mañanas, mientras que otras prefieren las tardes. Si no estás seguro de cuál es, tómate unos días para monitorizarte. Anota cuándo fuiste más productivo y cuándo empezaste a sentirte un poco lento y te costó concentrarte. Ubica tus distracciones, qué te distrajo y en qué momentos estas distracciones fueron las peores. Una vez que tengas esta información, puedes decidir cuándo es el mejor momento para hacer cada tarea. Si estás más atento por la mañana, entonces usa este tiempo para concentrarte en las tareas que requieren una atención mucho más meticulosa. Estas serían tus tareas de enfoque reducido. A medida que el día avanza y tu atención comienza a vacilar, puedes pasar a las tareas de enfoque amplio que no necesitan tanta atención. De esta manera, podrás estructurar tu día de la manera más efectiva para ti.

La clave para manejar tu atención es asegurarte de priorizar las tareas correctas en el momento adecuado. Como dije antes, la atención es finita y no puedes hacer más de ella. Por eso es crucial dedicar esa atención a las cosas que más la necesitan. No desperdicies tu atención en tareas fáciles, más bien haz las más difíciles cuando tu atención está en su máximo nivel.

Capítulo 6

Aprovecha Tu Productividad

A veces todo lo que necesitamos es un simple golpe para salir de un bache o mejorar nuestra productividad sólo un poco más. No todo esto funcionará para todos, pero definitivamente hay algunos buenos consejos en este capítulo. Llévalos a cabo y encuentra los que mejor funcionen para ti. Tal vez puedas probar algunos cada semana hasta que encuentres los perfectos para tu estilo de vida.

No te desanimes si alguno de ellos no funciona. ¿Recuerdas lo que hablamos en el capítulo 2? Todo el mundo es diferente y eso significa que está bien que diferentes cosas funcionen para diferentes personas. Prueba algunos de estos y estoy seguro de que encontrarás los trucos perfectos para ti.

Establecer un Objetivo para el Día

Este truco es para romper el hábito de la multitarea. Ya hemos tocado el tema de por qué la multitarea es mala. El simple hecho es que los humanos no fueron construidos para la multitarea.

En cambio, si nos centramos en una tarea a la vez, somos capaces de hacerla bien y terminarla en un buen tiempo.

Todo lo que tienes que hacer es elegir una cosa que te gustaría hacer ese día. Luego puedes dividirla en tareas más pequeñas. Si sólo te concentras en una cosa se le da toda la atención. Incluso si hay tareas más pequeñas involucradas en la realización del objetivo general, tu atención nunca se divide entre varias cosas. Todo está interconectado y puedes ver cómo las tareas más pequeñas ayudan a completar la más grande.

La Técnica Pomodoro

La Técnica Pomodoro consiste básicamente en trabajar en ráfagas cortas y luego tomar breves descansos antes de volver al trabajo. Trabajas durante 25 minutos y luego te tomas un descanso de 5 minutos. Repites este proceso unas cuantas veces antes de que necesites tomar tu descanso regular más largo.

Hay muchos estudios que afirman que las personas no pueden concentrarse durante largos períodos de tiempo. De hecho, este tiempo se está acortando cada vez más ahora que vivimos en la rápida era digital. No ha habido ningún número concluyente en cuanto a durante cuánto tiempo los humanos pueden concentrarse. Algunos estudios sugieren sólo 10 a 15 minutos, mientras que otros se acercan a la marca de los 30 minutos. Sin embargo, lo que sí sabemos es que intentar concentrarse en una cosa durante horas no funciona.

Puede que tengas que experimentar con los tiempos y ver qué tipo de intervalos funcionan para ti. Los descansos no deben ser muy largos, sólo un corto descanso para concentrarse en otra cosa y darle a tu mente un poco de tiempo libre. Intenta usar este tiempo para alejarte completamente de tu trabajo. Caminar 5 minutos es una buena manera de utilizar el tiempo de descanso. También puedes usar este tiempo para recompensarte por el trabajo que has hecho. Juega a tu juego favorito, come un bocadillo, navega por las redes sociales o simplemente sal a tomar un poco de aire fresco. Lo que sea que elijas hacer en tu descanso, asegúrate de hacerlo sólo durante el tiempo de descanso asignado. Si sabes que te vas a quedar atrapado en las redes sociales durante más tiempo del que has establecido, entonces eso no debería ser parte de tu descanso.

Descansos Regulares

Esto básicamente se aleja del punto anterior. Tienes que tomar descansos frecuentes. No te presiones para concentrarte tanto tiempo que ya no puedas hacerlo. Si lo haces, te arriesgas a no poder concentrarte en tu trabajo por el resto del día. Si sientes que tu mente se desvía, entonces es una señal de que necesitas tomar un descanso. Aléjate de la situación y aclara tu mente. Después de unos minutos, estarás listo para asumir la tarea con una mente renovada. Esto es mucho más efectivo que tratar de superar un bloqueo mental o forzarte a trabajar hasta que ya no puedas más.

Crear un Espacio de Trabajo

Esto es especialmente importante si trabajas desde casa. Tener un espacio de trabajo dedicado te permite tener un lugar para trabajar y tener un lugar para salir una vez que termines de trabajar. Casi hace que tu cerebro cambie del modo de trabajo al modo de descanso y viceversa.

Muchas personas trabajan en sus camas cuando trabajan desde casa, pero esta es una de las peores cosas que puedes hacer. Cuando haces esto, tu cerebro no ve el dormitorio como un lugar de descanso, por lo que puedes encontrarte con que te cuesta dormir o dejar el trabajo cuando el día de trabajo ha terminado. Esta falta de límites puede conducir a la fatiga y al agotamiento.

Si trabajas por tu cuenta o simplemente trabajas fuera de un entorno de oficina, entonces es crucial tener un espacio de trabajo dedicado fuera de tus lugares de descanso y recreativos. Puedes crear una pequeña oficina en casa, ir a una cafetería o utilizar un espacio de trabajo conjunto. Hacer esto te permitirá concentrarte cuando necesites estarlo y dejar el trabajo cuando lo necesites.

Herramientas de Gestión de Tareas

Sé que he dicho mucho sobre los inconvenientes de la tecnología en términos de productividad, pero hay muchas aplicaciones y herramientas que son muy útiles. Si usas la herramienta correcta de gestión de tareas, tu productividad podría mejorar realmente. Hay diferentes tipos, así que seguro que hay uno que se ajusta a tus necesidades.

Algunas de ellas son bastante simples. Puedes crear listas de tareas y hacer desgloses generales de tus tareas. Otras ofrecen más, como los rastreadores y la capacidad de vincularse con otros miembros de tu equipo. Algunas sugerencias de este tipo de herramientas son Monday y Trello.

Comparte Tus Objetivos y Trabaja en Equipo

Si tienes un objetivo específico en mente, entonces compártelo con alguien. Deja que te hagan responsable y quizás incluso te ayuden con ello. Un estudio en 2014 estableció que compartir tus metas y trabajar en equipo aumentaba la productividad (Brooks, 2020). Somos seres sociales y hay algo en el trabajo con la gente que nos ayuda a ser más eficientes.

Aunque no todos trabajen en lo mismo, tener a alguien allí contigo te mantendrá motivado. Si ves a otras personas trabajando duro, también querrás hacerlo. Por eso los grupos de estudio son tan útiles. La mayoría de las veces no hablas con la gente con la que estudias, pero su presencia te ayuda a mantenerte concentrado. Esto puede ser lo mismo en situaciones de trabajo. Encuentra un equipo que te mantenga responsable y motivado.

Programa Tus Reuniones Eficazmente

En la mayoría de los trabajos, clubes, y básicamente cualquier cosa que involucre a un grupo de personas, las reuniones son estándar. No hay forma de evitarlo, pero debes asegurarte de que estás programando tus reuniones de manera efectiva durante el día. Tener tus reuniones por todas partes significará que estás siendo constantemente interrumpido. Cualquier cosa que intentes hacer durante el día tendrá que ser dividida en pequeñas secciones de trabajo y eso no siempre es efectivo. Y si somos honestos, nadie se siente realmente súper motivado o productivo después de estar sentado en una larga reunión.

Lo mejor que puedes hacer es programar tu reunión en períodos. Si tienes dos o tres reuniones en el día, trata de programarlas alrededor de la misma hora para que puedas entrar y salir de las reuniones a una hora específica. El resto del día puedes centrarte en hacer tu trabajo faltante. Puedes decidir cuándo es más efectivo para ti. Puedes programar tu reunión a primera hora de la mañana o más tarde en el día cuando hayas hecho la mayor parte de tu trabajo. Decide cómo quieres hacerlo y deja que el resto de tu personal, clientes o compañeros de trabajo conozcan el plan a seguir.

Por supuesto, a veces hay reuniones de último minuto a las que hay que asistir. A veces, estas no pueden evitarse, pero esto no es la norma. Mientras seas capaz de cumplir con este tipo de programación, en la mayor parte de los casos seguirás cosechando los beneficios. Si es posible tener días en los que no hay ninguna reunión, eso sería lo ideal. Algunas empresas han establecido cosas como "Miércoles Sin Reuniones" para aumentar la productividad y permitir que el personal tenga tiempo suficiente para terminar su trabajo. Adoptar algo similar en tu propia vida también podría ser muy beneficioso.

No Tengas Reuniones por el Amor de Dios

¿Alguna vez has asistido a una reunión y te has ido pensando, "eso podría haber sido un correo electrónico"? Creo que la mayoría de nosotros hemos asistido a nuestra justa parte de reuniones innecesarias. Puede ser realmente agotador y consumir mucho tiempo estar en una reunión que no te beneficia. No estoy seguro de por qué la gente piensa que es necesario tener reuniones todos los días, pero es la cultura de trabajo actual y no es efectiva.

Las reuniones definitivamente ayudan a que la gente esté de acuerdo, a complementar ideas, o a tratar de desarrollar nuevas soluciones. El primer problema es que a menudo hay personas en las reuniones que no necesitan estar allí. El segundo es que hay demasiadas reuniones innecesarias. Realmente no necesitas reuniones de control diarias donde la gente habla de lo que va a estar ocupado durante el día. Piensa en ello. Digamos que tienes a seis personas en la reunión compartiendo durante cinco minutos cada una sobre lo que van a hacer durante el día. Has desperdiciado 25 minutos del tiempo de cada persona porque tienen que sentarse y escuchar a sus colegas hablar de cosas que no son de su incumbencia.

Hay maneras más fáciles y eficientes de obtener información de la gente. Si eres un jefe de equipo, considera pedirle a tu equipo que envíe un correo electrónico con su plan para el día antes de llegar al trabajo. Además, asegúrate de que cuando tengas una reunión tengas algo importante que decir. Si se usan correctamente, las reuniones pueden ser una herramienta poderosa para inspirar a la gente, crear soluciones y dar a luz nuevas ideas.

Cuando Termines, Desconéctate

En 2020 hemos visto a mucha gente trabajando desde casa y a mucha gente sintiéndose sobrecargada de trabajo y fatigada. Muchos habrían asumido que trabajar desde casa era menos estresante y que posiblemente podrías trabajar menos que en la oficina. Lo que sucedió fue todo lo contrario. La gente no sabía cuándo apagarse. En lugar de trabajar sus ocho horas regulares, los empleados trabajaban 10 o más horas por día y encima de eso, tomaban descansos más cortos.

Esto fue causado porque la gente no podía separar el trabajo del descanso. Como el trabajo era el hogar y el hogar era el trabajo, todo se mezcló y la gente seguía trabajando hasta que ya no podía más. Esta no es una forma saludable de vivir. Esto no sólo se limita a los que trabajan desde casa. A veces, podemos llevar nuestro trabajo a nuestro tiempo de descanso. Pensamos que sólo responderemos un correo electrónico o terminaremos una pequeña parte del proyecto en el que estamos trabajando, y luego terminaremos trabajando durante horas más de lo que deberíamos. Tenemos que ser capaces de establecer límites definidos para el trabajo y el descanso.

No abogo por abandonar completamente tu trabajo si tienes una fecha límite que cumplir o algo así. Si tienes un gran proyecto que necesita algunas horas extras para completarse, entonces por todos los medios ponte a trabajar. Pero nunca debes trabajar más de lo que tu cuerpo es capaz de hacer durante mucho tiempo. Recuerda que no eres un robot y que tu cuerpo y tu mente necesitan descansar.

La única manera de que puedas desconectarte del trabajo es si bloqueas todo lo relacionado con el trabajo cuando pases a tu tiempo de descanso. Así que, cuando sea el momento de terminar el día de trabajo, apágalo. Eso significa apagar todas las notificaciones, llamadas, correos electrónicos y apagar tu laptop. Cuando te desconectas completamente te estás dando un tiempo de descanso para rejuvenecerte. Entonces podrás dar lo mejor de ti al día siguiente.

Lee los Correos Electrónicos Una Vez

Si eres de los que leen un correo electrónico y vuelven a él más tarde, deberías saber que esto está perjudicando tu productividad. Esencialmente, estás usando el doble de tiempo y energía en ese correo electrónico si decides volver a él más tarde. Eventualmente, tendrás tantos correos electrónicos esperando tu atención que no tendrás ganas de hacerlo.

Si lees el correo electrónico, toma cualquier acción que quieras hacer con él en ese momento. Podrías responder, archivar, reenviar, eliminar o realizar la acción solicitada. Sea lo que sea, no lo dejes para más tarde. Esta regla debería aplicarse a casi todo. Si puedes hacerlo ahora, entonces no esperes hasta más tarde o todo comenzará a acumularse.

Escribe las Cosas Que Te Vienen a la Mente

A menudo, cuando estamos ocupados con una tarea, otra se nos viene a la mente. Porque tenemos miedo de olvidarlo, dejamos lo que estamos haciendo para completar la nueva tarea o nos distraemos con el nuevo pensamiento. Esto significa que no estamos completamente concentrados en lo que estamos haciendo o seguimos saltando de una tarea a otra. Ninguna de estas dos cosas es ideal.

La forma de remediar esto es escribir el pensamiento, idea o tarea tan pronto como se te ocurra. El punto de esto es sacar cualquier desorden que haya en tu cabeza. Si está escrito, te has asegurado de que tendrás algo a lo que volver cuando tengas tiempo de hacerlo. Esta seguridad te ayudará a dejar de pensar en ello. También podrías encontrar que esos pensamientos o acciones no eran realmente necesarios y te habrías ahorrado tiempo al no hacerlos. Puedes llevarte un pequeño cuaderno para anotar las ideas que se te ocurran o puedes hacer lo mismo en una aplicación para tomar notas.

Preparación la Noche Anterior

La mayoría de las veces sabremos cómo será el día siguiente, así que ayuda si nos preparamos para ello. Es más probable que hagamos cosas que son difíciles si ya nos hemos preparado para ellas. Por un lado, no perderemos tiempo en preparar las cosas, y por otro, cuando nos preparamos es como si hubiéramos firmado un contrato con nosotros mismos para hacer eso.

Así que, si planeas ir al gimnasio por la mañana, asegúrate de que tu bolsa de deporte y tu ropa están preparadas. De esta manera todo lo que tienes que hacer es salir de la cama, cambiarte e irte. Si tienes un evento al día siguiente, planifica tu ropa y cualquier otra cosa que necesites para que cuando llegue el momento, sea un proceso sencillo para prepararte. Si planeas estudiar por la mañana, prepara tus libros de texto y ayudas de estudio para que no busques cosas cuando realmente tengas que sentarte a estudiar. También puedes preparar la comida para el día siguiente, así que todo lo que tienes que hacer es recoger la comida e irte.

Estar preparado crea menos resistencia a la tarea que quieres hacer. Prepararse por la noche es genial porque no requiere mucha energía y ya le has dicho a tu cerebro en qué pensar una vez que te levantas de la cama. Te ahorra mucho tiempo al día siguiente y guarda tu capacidad intelectual para otras decisiones importantes que tienes que tomar a lo largo del día. Cuanto menos tengas que pensar en las pequeñas cosas, más espacio y energía dejas para concentrarte en las cosas más importantes.

No te Acuestes en la Cama Después de que Suene la Alarma

Creo que todos somos culpables de esto. Nuestra alarma suena, buscamos nuestros teléfonos para apagarla y luego terminamos desplazándonos por Instagram o Facebook durante los próximos 30 minutos. Esto no solo pierde tiempo, sino que nos hace más lentos. La forma en que empezamos nuestras mañanas nos prepara para el resto del día.

Las redes sociales no son la única razón por la que nos acostamos en la cama, a veces seguimos repitiendo alarma. Esto tampoco es bueno y esos 10 minutos extra de sueño no son tranquilos. Significaría lo mismo si te despertaras y te pusieras a trabajar. Normalmente estás más aturdido cuando has repetido la alarma unas cuantas veces que si te levantas de la cama tan pronto como suena.

Si pones la alarma a una hora determinada, asegúrate de que te despiertas a esa hora. Apaga la alarma y sal de la cama. Puedes colocar el teléfono a una distancia tal que tengas que levantarte de la cama para apagarla. Mejor aún, no uses el teléfono como alarma. Simplemente compra un despertador o usa un reloj inteligente para despertarte. De esta forma no te sentirás tentado de desplazarte por el teléfono cuando te despiertes.

Haz Un Rápido Entrenamiento Primero por la Mañana

Todos deberíamos aspirar a hacer algún tipo de ejercicio durante el día. Nuestros cuerpos necesitan moverse y el ejercicio libera buenas hormonas. Despertarse y hacer un rápido entrenamiento o incluso dar un paseo matutino despertará a tu cuerpo y verás que tu mente es mucho más aguda. También tendrás más energía para el día. No tiene por qué ser nada agitado, incluso una sesión de yoga de 10 a 15 minutos te rendirá muchos beneficios.

Ten Tus Bocadillos Listos

La mayoría de nosotros comemos bocadillos mientras trabajamos. Si tenemos hambre, puede ser difícil concentrarse en lo que estamos haciendo. Prepara tus bocadillos con anticipación para que cuando el ataque de hambre llegue, tengas algo para picar. Esto te ayudará a picar alimentos saludables y no perderás el tiempo pensando en qué comer, haciendo un bocadillo o saliendo a buscar algo.

Los bocadillos con alto contenido de azúcar pueden hacernos sentir perezosos después de que desaparezca el alto contenido de azúcar. Esto afectará a la productividad del resto del día. Además, como el azúcar es adictivo, cuanto más comas más querrás. Lo que comienza como una barra de chocolate terminará siendo eso, un paquete de dulces y un refresco. Elige comer bocadillos que te llenen y te den energía sustentable. La fruta, las palomitas de maíz y las nueces son buenas opciones para esto.

Bebe Tu Agua

Podrías estar un poco confundido en cuanto a por qué el agua está en una lista de trucos de productividad. La verdad es que la mayoría de la gente no bebe suficiente agua. Cuando estamos deshidratados estamos lentos, cansados, y a veces podemos tener una falsa hambre. Si te sientes muy cansado durante el día, pero duermes mucho, puede ser que no estés bebiendo suficiente agua.

Deberías tratar de tomar tus ocho vasos al día. Mantener una botella de agua en tu escritorio, en tu línea de visión es una gran manera de asegurarse de que estás bebiendo suficiente. Si está disponible, continuarás bebiendo a sorbos durante todo el día. También intenta beber un vaso de agua antes de comer algo. Nuestros cuerpos a menudo confunden la deshidratación con el hambre, así que puede que ni siquiera tengas hambre en primer lugar. Una vez que veas cuán alerta estás y cuánta energía tienes al beber suficiente agua, no querrás saltártela.

Capítulo 7

Fatiga

El agotamiento es un problema muy común en la fuerza de trabajo. De hecho, cerca del 50% de las personas reportaron que experimentaron agotamiento en 2019 (Cao Ho My, 2019). Esa es una gran parte de la fuerza de trabajo que está estresada, fatigada y emocionalmente agotada, entre otras cosas. Lo triste es que el agotamiento no se queda en el lugar de trabajo, sino que se extiende a todas las demás áreas de la vida de una persona. Lamentablemente, algunas empresas no ofrecen el tipo de apoyo adecuado a las personas que sufren de agotamiento, por lo que depende del individuo asegurarse de que no llegue a ese punto, o si ya está allí, resolverlo.

¿Qué es Fatiga?

El agotamiento es un estado de cansancio total. Se manifiesta mental, emocional y físicamente. Aunque la mayoría de los casos de agotamiento están relacionados con el trabajo, no es la única área que puede hacer que una persona se sienta completamente agotada. Si te sientes abrumado, emocionalmente exhausto, y sientes que no puedes cumplir con las exigencias que se te imponen, puedes estar sufriendo de agotamiento o en camino hacia él. Eventualmente, podrías perder toda la motivación para lo que estás haciendo.

Cuando el agotamiento se produce en un área, puede manifestarse rápidamente en todas las demás áreas de tu vida. No puedes dejarlo en lo que lo causó en primer lugar. Tu productividad general se ve mermada y tendrás que luchar para hacer las tareas más simples. Mucha gente que sufre de agotamiento ya no desea hacer cosas o esforzarse un poco más. Simplemente están agotados.

Está bien tener días malos. Días en los que te sientes abrumado, menospreciado o fatigado. Estos días llegan incluso para los mejores de nosotros. Se convierte en un gran problema cuando esto se convierte en la historia de tu vida. Si estás atrapado en este espacio, entonces lo más probable es que sufras de agotamiento y es hora de hacer algo al respecto. Si lo detectas lo suficientemente pronto, podrás resolver el problema y evitar que pases por un gran colapso.

Prevención de la Fatiga

El agotamiento es algo real que la mayoría de la gente vivirá al menos una vez en su vida. Una vez que llegas a ese punto, estás tan desmotivado y agotado que no puedes hacer físicamente las cosas que necesitas hacer. Si estás en un viaje para ser más productivo, el agotamiento es uno de tus peores enemigos. Lo mejor que puedes hacer por ti mismo es evitar que esto suceda en primer lugar. Las siguientes sugerencias te ayudarán con eso.

Conoce Tus Límites

Todos somos humanos y eso significa que tenemos límites. A algunas personas no les gusta oír eso, pero es la verdad. Tenemos una cantidad limitada de energía, atención, fuerza de voluntad y tiempo cada día y no hay mucho que se pueda hacer para aumentarlos. Lo mejor que podemos hacer por nosotros mismos es ser conscientes de nuestros límites y no presionarnos por ello.

Puede haber casos en los que tengas que pasar la noche en vela o forzarte a concentrarte durante más tiempo de lo que normalmente lo harías para poder cumplir con un plazo, pero esto nunca debería ser la norma. Tus límites deben establecerse antes de empezar a trabajar. Decide cuánto tienes que dar y sentirte cómodo dedicándote al trabajo y haz lo mejor que puedas para mantenerte dentro de esos parámetros. Puede que te lleve algo de experimentación averiguar tus límites, pero definitivamente te ayudará a largo plazo.

Aprende a Decir No

El peligro de ser alguien que hace cosas es que otras personas se den cuenta y quieran darte más que hacer. Por mucho que seas capaz de hacer el trabajo o quieras ayudarles, puede que no sea bueno para ti. Todavía necesitas tiempo para los demás compromisos de tu vida, así que tenlo en cuenta cuando asumas algo nuevo.

Puedes decir que no a todo lo que no quieras hacer, incluso si es tu jefe quien te lo pide. En este caso, tendrás que ser respetuoso en la forma en que lo haces, diciendo algo como, "Estaría feliz de asumir esta tarea, pero significa que el proyecto actual en el que estoy trabajando pasará a un segundo plano, ¿eso funcionaría para usted?" De esta manera tu jefe tiene la opción de elegir qué es más importante para ellos y no intentas encajar una cantidad ridícula de trabajo en un plazo corto.

Programa Tiempo para No Hacer Nada

Hemos hablado de programar tu día y tus actividades para que sepas lo que necesitas hacer. Un problema común con esto es que mucha gente empaca sus horarios tanto que no hay tiempo que no sea ocupado por algo. Cuando tu agenda está tan llena no hay espacio para tareas que pueden tomar un poco más de tiempo o para distracciones inesperadas. Esto hace que sea aún más difícil para ti alcanzar los objetivos del día.

Incluso si terminas todas las tareas en la cantidad de tiempo adecuada, el tiempo destinado a no hacer nada puede ser realmente utilizado para eso. Puedes usarlo para relajarte y despejar tu mente o puedes hacer algo que te guste. No hay alegría en un día que está lleno de tareas desde el momento en que te levantas hasta el momento en que vuelves a la cama.

Asegúrate de que te Diviertes y Descansas

No solemos asociar la diversión con la productividad, pero la diversión juega un papel vital en la productividad. Si no nos tomamos el tiempo para divertirnos de vez en cuando, definitivamente nos agotaremos. Nuestros cuerpos y mentes no pueden tomar mucho antes de que necesiten un descanso. Disfrutarás mucho más de tu trabajo si te permites retroceder y trabajar en un hobby o hacer una actividad de ocio agradable. Descubrirás que cuando retrocedes para descansar y disfrutar de tu tiempo, volverás al trabajo con una mentalidad fresca. Tu creatividad y impulso aumentará y, en última instancia, eso lo hará más productivo.

Todos necesitamos tiempo para relajarnos y hacer las cosas que disfrutamos. Los humanos no fueron diseñados para trabajar todo el día. Si te encuentras con que no disfrutas de tu vida o nunca haces las cosas que te hacen feliz, entonces necesitas reevaluar cómo estás pasando tu tiempo. Incluso si tienes que comprometerte y programar en un tiempo para la diversión y el descanso, hazlo. Sólo asegúrate de tener ese tiempo para ti mismo.

Escucha a la Gente que te Rodea

Tus seres queridos serán a menudo las primeras personas en darse cuenta de que estás alcanzando el agotamiento. Si tus amigos y familiares están expresando su preocupación por algo, entonces es mejor al menos escucharlos. Incluso si se quejan de que ya no te ven, te has perdido muchas reuniones o que siempre estás ocupado cuando estás en casa. Todas estas son cosas que indican que no estás priorizando tu tiempo adecuadamente. Recuerda que tus amigos y familiares son los que más se preocupan por ti, así que lo que tengan que decir realmente importa, aunque no te guste oírlo.

Solucionando la Fatiga

Tal vez lo supiste demasiado tarde, no pudiste evitar agotarte y ahora estás atrapado en medio del agotamiento. Por muy horrible que te sientas ahora, hay cosas que puedes hacer para salir del agotamiento. Puedes salir de esto y ser mejor que antes. Todo lo que tienes que hacer es concentrarte en las cosas correctas y tomar los pasos apropiados.

Toma un Descanso

El descanso es esencial y durante este tiempo probablemente no has tenido ninguno. A menudo subestimamos cuánto necesitamos descansar, así que nos empujamos a los límites y nuestros cuerpos no pueden soportarlo. Lo mejor que puedes hacer por ti mismo es tomarte un descanso, preferiblemente uno en el que puedas alejarte por unos días. Necesitas tiempo para rejuvenecer y tiempo para separarte de la situación y poder pensar con claridad.

Esto no va a resolver ninguno de los problemas que han causado el agotamiento, pero te ayudará a lidiar mejor con ellos cuando vuelvas. Si tienes la opción de tomarte unas vacaciones adecuadas durante unos días, entonces hazlo. Tómate un tiempo para relajarte y cuidarte. Una vez que estés en un mejor espacio mental, podrás enfrentarte a esto de la manera correcta.

Concéntrate en Tu Salud

Si estás pasando por el agotamiento, probablemente no estás cuidando tu salud. Esto puede empeorar tu situación de agotamiento. Comer bien, hacer ejercicio y dormir suelen ser las primeras cosas que tiramos por la ventana cuando estamos bajo mucho estrés. Definitivamente no es una buena idea porque estas cosas son las que nos ayudan a lidiar con nuestro estrés. Sin embargo, creo que todos hemos estado allí, donde no podemos molestarnos en pensar en estar sanos debido a la montaña de trabajo que tenemos delante.

Es hora de retomar el control de la salud. Si no te cuidas, entonces no serás capaz de lidiar con las situaciones que te rodean. No puedo enfatizar lo importante que es cuidar de tu cuerpo. Es increíblemente difícil sentirse capaz de lidiar con los problemas a los que te enfrentas si físicamente no tienes la energía para hacerlo.

Tu salud física va de la mano con tu salud mental. Puedes mejorar tu salud mental cuidando tu cuerpo conscientemente, así que no te olvides de este paso. Echa un vistazo a la comida que estás comiendo y elimina cualquier cosa que sepas que no es buena para ti. Pon tu cuerpo en movimiento y por favor, descansa bien. Todos los consejos para hacer estas cosas ya han sido mencionados en este libro, así que ya sabes cómo.

Reencuadra Tu Trabajo y Tus Prioridades

La solución más fácil es dejar tu trabajo y encontrar otro en el que te traten mejor y en el que realmente ames lo que haces. Desafortunadamente, esto es más fácil de decir que de hacer. A veces no tienes esa opción, así que necesitas encontrar otras maneras de evitarlo. Diré que, si dejar y encontrar un trabajo mejor es una opción para ti, entonces por todos los medios hazlo. Si no, entonces hay algo de trabajo por hacer.

Necesitas echar un vistazo a tu trabajo y a tu ambiente laboral y hacer un análisis. Si alguna vez vas a volver a las andadas y empezar a hacer tu trabajo correctamente de nuevo, vas a tener que encontrar algo que te guste. Ni siquiera tiene que ser sobre el trabajo en sí. ¿Amas a tus compañeros de trabajo? ¿Amas lo que la empresa representa? Tal vez te dan café gratis a la hora del almuerzo. Sea lo que sea, deberías aprender a apreciar las cosas que pueden ser apreciadas. Todo tiene algo bueno si lo buscas.

Luego debes saber que el trabajo no es todo en la vida. Hay otros factores importantes. Esto significa que el trabajo no tiene por qué ser el lugar donde consigues tu verdadera satisfacción o donde te sientes realizado. Puedes obtener esto en otra área de tu vida. Así es como equilibras un trabajo u otro aspecto de tu vida que no disfrutas particularmente. Encuentra un pasatiempo, un hobby, un club o un grupo en el que puedas encontrar un propósito. Haz algo que te guste y pon tu pasión en ello.

Eres el único que te controla, así que, si sientes que tu mundo está fuera de control, es hora de establecer límites. No tengas miedo de decirle a tu jefe o gerente sobre tu agotamiento. Deben ser conscientes de que la carga de trabajo con la que estás lidiando es demasiado. Si son razonables, buscarán maneras de aligerar la carga, pero nunca lo sabrás a menos que lo pidas.

Recuerda que eres tu prioridad. Tienes que hacer lo que es bueno para ti y lo que es bueno para ti es descansar. Si tu trabajo te está quitando toda tu energía, debes tomarte un tiempo para rejuvenecerte. No trabajes demasiado, tómate los días de permiso cuando sea necesario. Si alguna vez sientes que estás llegando a un punto de agotamiento otra vez, atrápalo pronto y toma medidas. Te sorprenderás de la diferencia que supondrá alejarse durante unos días.

Capítulo 8
Construir Hábitos Duraderos

Los hábitos son muy importantes. Nuestro cerebro quiere ahorrar espacio, así que crea vías neuronales para que no tengamos que prestar atención a ciertas cosas que estamos haciendo. Piensa en los hábitos que tienes actualmente en tu vida. Estoy seguro de que corres a través de los procesos paso a paso de la higiene oral cuando te cepillas los dientes por la mañana. Apenas piensas en ello y puedes usar ese tiempo para pensar en otras cosas más importantes. Si eres alguien que conduce una ruta específica a menudo, es probable que ni siquiera pienses en ello. Simplemente te metes en el automóvil y te vas, tu mente puede estar preocupada por otras cosas y antes de que te des cuenta estás en tu destino. El cerebro hace esto de manera que utiliza menos energía para las tareas que haces todo el tiempo y tiene más energía para ocuparse de otras cosas más difíciles.

Esto es tanto bueno como malo. Es bueno porque te da energía para pensar en otras cosas mientras tienes buenos hábitos que se encargan del resto. Es malo porque si formamos malos hábitos, estos pueden tomar el control de nuestras vidas sin que nos demos cuenta. Esto significa que podemos caer en patrones que dañan nuestra productividad, salud y bienestar, sólo porque hemos caído en un mal hábito. Por otro lado, significa que podemos prepararnos para el éxito sin tener que trabajar activamente. El cerebro es algo poderoso, sólo tenemos que usarlo para nuestro beneficio.

Es nuestra responsabilidad crear buenos hábitos y romper los malos. Nadie más puede hacerlo por nosotros. En este capítulo, quiero repasar las formas en que podemos crear hábitos útiles y productivos y romper los malos. Recuerde que los hábitos toman tiempo para formarse, así que, si piensas que esto va a ser una solución rápida, vas a tener que cambiar esa forma de pensar. Definitivamente va a haber un esfuerzo consciente de tu parte antes de que puedas dejar que tu cerebro vuele en piloto automático.

Pasos para Crear Hábitos a Largo Plazo

Cuando te propones crear hábitos, quieres que duren a largo plazo. No tiene sentido hacer el esfuerzo de construir un hábito si no planeas llevarlo a cabo. Los hábitos representan alrededor del 40% de tus acciones diarias. Son muchas acciones que no estás haciendo un esfuerzo consciente por completar. Esto sólo te muestra lo importante que es tener buenos hábitos que puedan impulsarte. Los siguientes pasos pueden ser usados con cualquier hábito que quieras construir.

Decide Qué Hábitos Quieres Construir

Antes de que puedas construir buenos hábitos, tienes que decidir qué hábitos quieres construir. Todos tenemos áreas en nuestras vidas que queremos mejorar. Las principales son las relaciones, la salud y el trabajo, pero si hay otra área en la que te gustaría trabajar está perfectamente bien. Elige una de estas áreas en las que sientas que te vendría bien un impulso. Por lo general, puedes saber en qué área necesitas trabajar más cuando miras los malos hábitos que tienes. Si tienes un mal hábito en un área específica, este es el lugar perfecto para empezar a construir un buen hábito.

Rompe Tus Malos Hábitos

Los malos hábitos se forman a menudo sin que nos demos cuenta. Es algo que hacemos debido a las circunstancias. A menudo, creamos estos hábitos cuando estamos estresados, aburridos, o estamos siendo influenciados por la gente equivocada. Estos son los principales catalizadores de un mal hábito. Todos tenemos malos hábitos, así que no es nada de lo que avergonzarse, pero es algo en lo que hay que trabajar. Si no crees que tienes malos hábitos, tal vez le pidas a tus amigos y familiares que te ayuden a elegirlos. Estoy seguro de que tendrán una lista más larga de lo que crees. A menudo, la gente que te rodea se dará cuenta de estas cosas antes de que lo hagas tú.

No formamos un mal hábito sólo porque nos apetezca. Nos proporcionan algún tipo de beneficio, de lo contrario, no lo haríamos. El problema es que los efectos negativos duraderos superan cualquier beneficio a corto plazo que tenga. Por ejemplo, alguien comenzará a fumar como una forma de hacer frente al estrés en el trabajo. El beneficio a corto plazo es que calma sus nervios y les da algo más en lo que concentrarse durante un corto tiempo. A largo plazo, perjudica su salud y le cuesta dinero que podría utilizar para algo más beneficioso.

Para poder romper un mal hábito, necesitas saber de dónde proviene y por qué lo empezaste en primer lugar. La razón es que los malos hábitos no se pueden romper, tienen que ser reemplazados por otra cosa. Si sabes por qué empezaste el mal hábito, sabrás cómo reemplazarlo. El fumador de arriba necesitaría encontrar otra manera de lidiar con su estrés. Tal vez podría masticar un chicle o probar algunos ejercicios de respiración cuando sienta la necesidad de fumar. El simple hecho de no fumar no le ayudará a dejar de hacerlo porque todavía tiene que lidiar con su estrés de alguna manera.

Cuando rompas un mal hábito, recuerda eliminar todos los desencadenantes posibles.

Necesitas hacer que el regreso al mal hábito sea lo más difícil posible. Crear resistencia entre tú y ese mal hábito es la mejor manera de hacerlo. Tener responsabilidad es también una gran manera de romper un mal hábito. Elige a alguien que te acompañe en el viaje. Diles el mal hábito que estás rompiendo y el bueno con el que lo estás reemplazando. Si terminas fallando y volviendo al mal hábito, no te castigues y lo más importante, no te rindas. Un desliz es de esperar, especialmente cuando se rompe un hábito que se ha tenido por mucho tiempo. Así que date un respiro, díselo a tu compañero de responsabilidad, y no te rindas.

Los próximos pasos serán sólo para crear un buen hábito. Puedes usarlos para construir el buen hábito que estás usando para romper el malo. Estas dos cosas funcionarán simultáneamente. Una vez que hayas formado tu buen hábito sabrás que has roto el malo.

Empezar por Pequeño y Construye Desde Allí

La gente a menudo lucha por formar buenos hábitos porque quiere hacer un completo 180 en poco tiempo. La verdad es que no puedes construir nada que dure si te precipitas. La sostenibilidad es tu objetivo, no la velocidad. Para construir un hábito correctamente, tienes que empezar extremadamente pequeño, tal vez incluso hasta el punto en que no se siente como si realmente estuvieras cambiando algo. Y eso podría ser cierto. Al principio, probablemente no harás ningún cambio drástico en tu vida, pero está bien. El objetivo es comenzar a un ritmo sostenible y construir un sistema que pueda ser fácilmente incrementado.

Por ejemplo, si quieres empezar a hacer ejercicio, podrías inscribirte en un gimnasio y empezar a hacer el circuito durante una hora al día. Si hicieras eso, ¿cuánto tiempo crees que durarías? Creo que has intentado hacer algo similar y te has dado por vencido unos días. Esto se debe a que fue un cambio demasiado grande. No puedes pasar de estar sentado en un sofá todas las tardes a ser un entusiasta del gimnasio durante la noche. Ir al gimnasio puede ser el verdadero hábito que quieres crear, pero tienes que elegir un hábito más pequeño que te lleve a eso para empezar. Primero, empieza por hacer algo físico todos los días. Intenta hacer cinco sentadillas cada mañana. Sé que esto puede sonar como si no fuera a hacer una diferencia, y probablemente no verás una diferencia en tu nivel de condición física, pero estás creando el hábito de moverte. Cuando te sientes demasiado perezoso para levantarte y hacer esas sentadillas, siempre puedes encontrar la motivación para hacer cinco de ellas porque sólo toma 30 segundos. Este pequeño hábito se convertirá en el concepto básico de tu gran hábito.

A medida que te sientas cómodo con tu pequeño hábito, puedes aumentarlo. Con respecto al ejemplo de ejercicio, puedes añadir unas cuantas sentadillas más o quizás añadir otro tipo de ejercicio como las abdominales. A continuación, podrías intentar salir de tu casa para hacer ejercicio. Salir a caminar o a trotar. Una vez que lo hayas hecho, puedes intentar subirte a tu auto y conducir hasta el gimnasio, pero sólo haz un corto y sencillo ejercicio. Con el tiempo, estarás tan acostumbrado a la rutina de salir e ir al gimnasio durante unos minutos que podrás aumentar el tiempo para que puedas hacer un entrenamiento adecuado de todo el cuerpo. Si en algún momento sientes que no estás lo suficientemente motivado para hacer el paso que estás dando, vuelve a uno anterior. Hacer algo es mucho mejor que tirarlo todo y no hacer ningún tipo de ejercicio.

Sé Consistente

Cuanto más hagas algo, menos tendrás que pensar en ello. Si no tienes que pensar activamente en hacer la acción, no tendrás que motivarte para hacerlo. Esta es la belleza de la consistencia. Eventualmente, sólo caerás en la rutina de que se sentirá raro *no* hacerlo.

Elige construir tu hábito al mismo tiempo, en los mismos días. A nuestro cerebro le encanta la rutina. Puedes usar esto a tu favor. Incluso si no te gusta la acción, lo harás porque es parte de una rutina que has construido. Si comes exactamente a la misma hora todos los días, casi siempre sentirás hambre a esa hora. Si configuras tu alarma para que suene a la misma hora cada mañana, eventualmente tu cuerpo se despertará a esa hora por sí solo (a veces sin importar la cantidad de sueño que tengas). Este es el mismo tipo de efecto que quieres crear con el hábito que estás tratando de construir.

La Regla de los Dos Días

No importa cuán comprometido estés o cuánto quieras construir este nuevo hábito, es probable que en algún momento te equivoques. Habrá uno o dos días en los que surgirá algo que te desviará completamente del camino y te perderás la construcción de tu hábito ese día. La vida pasa y a veces te equivocas. Lo importante es que no desarrolles una actitud de "a la mierda".

Lo que quiero decir es que cuando te pierdas un día, no vayas automáticamente "¡a la mierda! Ni siquiera voy a intentarlo más". Esto es lo peor que puedes hacer. Mucha gente hace esto cuando están tratando de formar un hábito porque creen que si rompes la cadena tendrás que empezar desde el principio. Esto no es verdad. Todo lo que tienes que hacer es retomar desde donde lo dejaste.

La regla de los dos días dice básicamente que puedes saltarte un día, pero no puedes perderte dos días consecutivos. Si te acostumbras a la formación de hábitos con actitud, se vuelve mucho más manejable. Tienes un espacio de desorden y eso significa que no sentirás que todo tu trabajo duro fue en vano si terminas saltándote un día.

Asegúrate de que estás siguiendo tus hábitos. Es la única manera de asegurarse de que no te saltas ningún día y de que eres responsable ante tú mismo. El uso de un calendario es una gran manera de registrar tus hábitos. Cada día que realizas el hábito, colorea ese día en verde, coloca una estrella en él, o simplemente márcalo. Si te saltas un día, coloréalo de rojo o táchalo con una X. De esta manera, podrás ver cuántos días te has saltado a lo largo del mes y podrás aspirar a hacerlo mejor el mes siguiente. Si eres una persona competitiva, esta es una gran manera de competir contra ti mismo y mantenerte motivado. También podrías recompensarte al final de una semana en la que no hayas perdido ni un día. Tu recompensa puede ser cualquier cosa siempre y cuando no vaya en contra del hábito que estás tratando de formar.

Algunos Consejos Útiles

Si necesitas un poco más de ayuda para construir los hábitos correctos, estos consejos definitivamente te llevarán allí. Durante el viaje probablemente te sentirás desmotivado en algún momento, y estos consejos pueden ayudarte a salir de eso. Léelos para que cuando llegue el momento, tengas el conocimiento que necesitas para superar un bache. También puedes tenerlos en cuenta desde el principio para que el viaje hacia mejores hábitos sea más fácil y manejable para ti.

Empieza Con Un Hábito

Puede ser tentador querer romper todos los malos hábitos y empezar a construir todos los buenos, pero hacer demasiado puede atrofiar tu progreso. El problema con los hábitos es que no verás resultados inmediatos el día que empieces a construirlos. Esto significa que es increíblemente difícil mantenerse motivado si estás tratando de cambiar tantas cosas. Es insostenible tratar de hacer un cambio extremo en ti mismo en un corto espacio de tiempo.

La solución es elegir un solo hábito que quieras construir o romper. No importa cuánto quieras elegir, siéntate y decide uno. Probablemente todavía te sientas desmotivado y no quieras cambiar el hábito nunca más, pero es mucho más fácil construir un hábito que intentar construir cinco. Siempre puedes encontrar alguna forma de motivarte para hacer una pequeña tarea.

Encuentra un Modelo a Seguir

Probablemente hay mucha gente ahí fuera que son maestros en el hábito que estás tratando de formar. No tiene que ser alguien que conozcas personalmente, sólo alguien que ya haya logrado el objetivo que estás buscando. Mira sus videos de YouTube, lee su blog o escucha sus podcasts. Tener a esa persona en mente te mostrará hacia dónde estás trabajando y en qué podrías convertirte si te mantienes en ello. Es una gran manera de mantenerse motivado y obtener consejos y trucos que te ayudarán a lo largo de tu viaje.

Conoce Tu Razón

A medida que continúas con este proceso de formación de hábitos podrías eventualmente comenzar a olvidar por qué lo estás haciendo en primer lugar. Esto podría fácilmente llevarte a desmotivarte y a no entender por qué vale la pena el esfuerzo. Este es el lugar ideal para recordar por qué querías formar este hábito en primer lugar. El objetivo final vale el esfuerzo que se ha hecho para llegar a él.

Tómate un tiempo para escribir tu por qué. Puedes poner pequeños recordatorios en todas partes para mantenerte motivado. Escríbelo en notas post-it, coloca un recordatorio en tu teléfono, lo que sea que te ayude a recordar la razón por la que querías cambiar tus hábitos. Cuando las cosas se escriben parece casi más real, no es lo mismo tenerlo en la cabeza. Piensa en ello como si fueras responsable de ti mismo. Puedes leerlo de nuevo y es algo tangible para mantenerte motivado.

Conclusión

Había muchas cosas que se trataban en este libro. Probablemente tienes algunas cosas que ahora puedes implementar en tu vida. El objetivo no es que hagas todo lo que se te sugiere, sino que encuentres las cosas que funcionan para ti. Mira tu propia vida y ve cómo puedes mejorar tu productividad implementando las cosas que resuenan contigo. Cualquier pequeño cambio es un paso en la dirección correcta. Si miras atrás en tu viaje y ves que has hecho algún progreso, tienes algo de lo que estar orgulloso.

Lo peor que podrías hacer es intentar hacer demasiado. Este es un proceso y todo lo que necesitas hacer es estar dispuesto a dar pequeños pasos. Intenta implementar una o dos de las ideas de este libro. Una vez que te sientas cómodo con ellas, intenta algunas más. Si intentas hacer demasiadas cosas demasiado rápido, no será sostenible y podrías perder la motivación. No es una carrera. Quieres que estos cambios se mantengan a largo plazo.

Ahora que has acabado todo el libro, quiero que vuelvas a las secciones que más te impactaron o que sientes que necesitas implementar. Anota las cosas que te llamaron la atención y mira qué cambios puedes hacer con base a lo que has escrito. Comienza en algún lugar y empieza pronto. Cuanto más esperes, más motivación necesitarás para ponerte en marcha. Ya has comenzado el proceso al terminar este libro, así que sigue con ese ímpetu.

Este libro fue escrito para incitar a un cambio real en las vidas de aquellos que lo lean. Desafortunadamente, no puedo hacer los cambios por ti. Tienes las herramientas que necesitas, todo lo que necesitas hacer es usarlas. Sé que serás capaz de convertirte en la persona más productiva que puedas ser basada en el hecho de que tuviste la motivación para obtener la información que necesitas. Recuerda ser amable contigo mismo, haz lo que puedas y sigue mejorando.

Referencias

Akers, W. (2019, 20 de noviembre). *Is dopamine fasting a way to fix your brain or just a fad?* Healthline. https://www.healthline.com/health-news/what-is-dopamine-fasting#The-science-behind-dopamine-fasting

Brooks, A. (2020, 12 de agosto). *19 Productivity Hacks to Get More Done in 2020.* TrueNorth. https://www.ventureharbour.com/productivity-hacks/

Cao Ho My, G. (2019, 16 de diciembre). *2019 burnout quick stats – 3 things to continue in 2020.* Thrive Global. https://thriveglobal.com/stories/2019-burnout-quick-stats-3-things-to-continue-in-2020/

Chua, C. (2010, 3 de junio). *11 Practical Ways To Stop Procrastination.* Lifehack. https://www.lifehack.org/articles/featured/11-practical-ways-to-stop-procrastination.html

Clear, J. (n.d.). *How to build new habits: This is your strategy guide.* James Clear. https://jamesclear.com/habit-guide

Dizon, J. (2020, 6 de abril). *15 Best Productivity Hacks for Procrastinators.* Lifehack. https://www.lifehack.org/articles/productivity/15-productivity-hacks-for-procrastinators-2.html

Foroux, D. (n.d.). *What Is Productivity? A Definition & Proven Ways To Improve It.* Darius Foroux. https://dariusforoux.com/what-is-productivity/

HelpGuide. (2020, octubre). *Burnout prevention and treatment.* HelpGuide. https://www.helpguide.org/articles/stress/burnout-prevention-and-recovery.htm#:~:text=Burnout%20is%20a%20state%20of

Instructables. (2012, 11 de noviembre). *Building a Model Rocket - Introduction.* Instructables. https://www.instructables.com/Building-a-Model-Rocket-Introduction/

Joiner, B. (2018, 6 de febrero). *The 5 productive morning routines of highly effective people.* Trello. https://blog.trello.com/best-productive-morning-routines

Kogan, N. (n.d.). *5 tiny productivity hacks that will change your life.* Happier. https://www.happier.com/blog/how-to-be-more-productive-hacks/

Lu, L. (2016, 9 de diciembre). *8 Ways to Prevent Ruining Your Productivity.* Zippia For Employers. https://www.zippia.com/employer/8-ways-to-prevent-ruining-your-productivity/

McKay, B., & McKay, K. (2014, 21 de enero). *Attention, please! What every man ought to know about focus.* The Art of Manliness. https://www.artofmanliness.com/articles/attention-please-what-every-man-ought-to-know-about-focus/

Milk, L. (n.d.). *Should You Manage Your Time or Your Energy?* Scoro. https://www.scoro.com/blog/time-and-energy-management/

Ramos, K. (2019, 19 de febrero). *10 evening routines that will make you productive at work and life.* Medium. https://medium.com/the-mission/10-evening-routines-that-will-make-you-productive-at-work-and-life-27b596ce8a64

Riddle, J. (2020, 4 de noviembre). *What is Personal Productivity?* Workawesome. http://workawesome.com/productivity/personal-productivity/#:~:text=Simply%20put%2C%20personal%20productivity%20is

Stretch, R. (2016, 15 de marzo). *How to Avoid the 9 Things That Hurt Productivity Most.* Zapier. https://zapier.com/blog/avoid-productivity-killers/

Thomas, M. (2018, 15 de marzo). *To Control Your Life, Control What You Pay Attention To*. Harvard Business Review. https://hbr.org/2018/03/to-control-your-life-control-what-you-pay-attention-to

Thomson, S. (n.d.). *7 Tips to Make Your Afternoons as Productive as Mornings*. Lifehack. https://www.lifehack.org/487395/7-tips-to-make-your-afternoons-as-productive-as-mornings

Thrive Global. (2019, 27 de marzo). *Why Managing Your Energy is Key to Maximise Your Productivity*. Thrive Global. https://thriveglobal.com/stories/why-managing-your-energy-is-key-to-maximise-your-productivity/

Timely. (2020, 21 de mayo). *How to manage your attention*. Memory. https://memory.ai/timely-blog/managing-your-attention

Widrich, L. (2013, 26 de marzo). *The 4 Elements of Physical Energy and How to Master Them*. Buffer Resources. https://buffer.com/resources/the-4-elements-of-physical-energy-on-how-to-master-them/

www.ingramcontent.com/pod-product-compliance
Lightning Source LLC
Chambersburg PA
CBHW071926210526
45479CB00002B/566